よかん日和
イモトアヤコ
文藝春秋

よかん日和

目次

まえがき

2021・09・15

ここ数年でわたしのまわりの環境は大きく変化した。

21歳から番組のロケで世界を飛び回り、常にはじめてのことだらけの刺激的な経験をさせてもらい、気がつきゃ、

パスポートは5冊目
8000メートル登山
秘境探検

こんなワードが当たり前の生活が、わたしの日常であった。

33歳で、刺激的な旅をともに歩んできた、言わば戦友でもある方と結婚をした。けれど

もわたしの日常は変わらず進んで行くものだと思っていた。

結婚とほぼ同時期にコロナ禍になった。

海外ロケはストップし、国内でさえ移動が制限され、突如今まで経験したことのない日常がはじまった。

コンビニ感覚でアマゾンに行っていたわたしにとって、正直それは窮屈であり退屈であった。日々の生活にドキドキやワクワクが圧倒的に足りず、大好きな人たちにも会いづらい。

なんというか、心の栄養状態がよくないと、

「しょうがない」

「まあまあま」

といった言葉でじぶん自身を保とうとしていた気がする。

しかし、多少の対症療法は出来たとしても、どうも根本治療ではない気がしていた。

よくよく考えると、今まで感じていたワクワクやドキドキというのは、ほぼ与えてもらったものであった。

贅沢な話だが、お仕事の中で刺激的な体験をさせてもらうという、あくまでも受け身の姿勢であった。しかし受け身のままではこの環境、やり方だとワクワクやドキドキはやっ

てこない。

やってこないものは自ら作るしかない。

この瞬間からわたしの心にワクワクが生まれた。

なにか楽しいこと、はじまるかも。

いいことあるかも。

すべて「かも」ではあるがそれでいいのである。

そう思えた時点で人は明日のために今日生きることが出来るのだ。わたしはものすごく単純な人間である。

皿洗いのスポンジを変えただけでワクワクする。

8000メートルの山を登るワクワクとは次元が違うかもしれないが、わたしにとってはワクワクという正体は一緒なのだ。

それだと思った。それだと気づいた。

今までは世界の辺境の地に行き、虫を食べ、テントに泊まることがワクワクドキドキする旅だと思っていた。

けれどそんなことしなくても、自分の気持ち次第で、いくらでも日常のなかにワクワクもドキドキも旅もころがっていたのだ。

そうと気づけば早いわたし。
すぐに自分が日々ワクワクドキドキ出来る場所、そしてそれを誰かと共有できる場所を作りたいと思った。

そうしてかなりの手探りでどうにかこうにか作ったのが、「よかん日和」というｗｅｂマガジンである。

人はきっと楽しい未来を想像することで人生をゆたかに生きることができる。
日常にほんのちょっとのわくわくを発信できる。
（マガジン引用）

そんな想いで作ったｗｅｂマガジンで、ワクワクや好きな人やもの、考えといった日々を綴ったエッセイです。

明日なにか良いことあるかも。
この道具使ったら楽しいかも。
こんな人に会ったら素敵になるかも。

ドジ踏んじゃったけど、こういう風に思えば気持ち軽くなるかも。
そんなわたしなりの「よかん」を集めてみました。

ステキな人のこと

from 松浦弥太郎

2021・09・15

わたしはエッセイスト・松浦弥太郎《やたろう》さんの言葉がだいすきだ。温かくてやさしくて色んなことを教えてくれる。なのに全然おしつけがましくなく、わたしもちょっと真似してみようかなと自然に思える言葉。

そんな松浦さんと、嬉しいことに先日対談させてもらった。ただのファンと化したわたしは興奮し、鼻息ふんふんしながら心のメンター松浦さんに矢継ぎ早に質問しまくった。松浦さんはひとつひとつに丁寧に真摯《しんし》に向き合い答えてくださり、松浦弥太郎の生き方に触れることができてわたしはますます好きになり、ただの大ファンと化した。

後日、松浦さんから贈りものが届いた。そこには松浦さんがつくられたグラノーラとともに一通のお手紙。対談の感想やおいしいグラノーラの食べ方のイラストが描かれていて、わたししか読むことができない贅沢なエッセイのようなお手紙だった。

読んでいると、ところどころまちがえた文字や言葉をペンでばってんして修正している箇所があった。まちがえたところを修正ペンで消したり、はたまた最初から新しい紙に書き直す人もいるだろう。だけど松浦さんのお手紙はそのまま、まちがえたところも修正したあとも綴られている。それがまた魅力的にみえるのだ。きっとそれは松浦さんの生き方がにじみ出ているからではないか。

一度始まった人生や起こったできごとを0にすることはできない。すべてを受け入れたうえで、自分なりの軌道修正をしながら生きていく。勝手な解釈かもしれないけど、松浦さんのお手紙をながめながらそんなことを思った。

お返事を書きながらさっそく真似しているわたし。やはりわたしはただのファンです。

益田ミリさんが好きだ。

2021・10・20

本屋さんで「益田ミリ」という文字を見ると、反射神経で手に取ってしまう。素朴な絵が特徴的な漫画エッセイも好きだが、益田さんがお一人様や思い立ったらふらっと行かれる旅のエッセイも大好きで、お土産などをかわいらしいイラストで紹介されているのを見るとそれだけでウキウキしてくる。

続きが気になって一気読みするというものではなく、わたしはいつもちびちび読む。そのちびちび感のためか、時間が経ってもまたもう一度読みたくなる、くせになる。なんというか、たとえおなかいっぱいだとしても、益田ミリさんは別腹なのだ。そして自分自身のコンディションに関係なく、するする入ってじんわりと温めてくれるのだ。わたしはよく気持ちがしんどい時に読むのだが、コロッと考え方が180度変わって気分爽快というわけではなく、なんとなーく楽になったような、なんとなーくとりあえず晩飯でも食べようかみたいな、そんな気持ちになる。友達に話をして解決策をもらうのではなく、ただ友達が話を聞いてくれた時に近い感覚になる。

益田ミリさんの著書の中で、とりわけ好きな言葉がある。

「『教えてあげたい人』が太郎の大好きな人なんだよ」

「子供は生きがいではない気がします

生きがいは、ひとりひとり自分の中にしかないんだと思うんです」

「この悲しさは、きっと美しさの一部なんだよね」

『きみの隣りで』（幻冬舎文庫）より

ブレないことと変化を恐れないこと

2021・11・03

世界一尊敬する安室奈美恵さん。

3年前に番組でお会いした時のこと。

あまりの衝撃と夢のような空間に記憶がぶっ飛びそうになるのをぐっとこらえて、色々お話しさせてもらった。

なかでも特に印象深いのが、

「安室奈美恵さんにとって人生で一番大切にしていることってなんですか?」

という問いに、安室さんがまっすぐな目で答えられた、

「ブレないことです」。

この言葉はまさしく安室奈美恵さんの生き方そのもので、とてつもなくシンプルではあるがとてつもなく難しい。

わたしのなかでブレないというのは、一度言ったことや決めたことは最後までやり通す、初志貫徹のようなイメージ。

ただそのせいで、たまに自分自身で自分をがんじがらめにしてしまっているような時がある。

今はこう思うけど、あの時こう言ったから、こう決めたからこうじゃなきゃ、というねじれが生じてしまうことが多々ある。

安室奈美恵さんを見ていると、「ブレない」と同時に「変化を恐れない」姿が共存しているのだ。

一見この2つって相反するものに思える。

けれどきっと表裏一体でもあるのかなと最近思う。

これまた大好きな松浦弥太郎さんと対談させてもらったときにも感じたこと。

松浦さんもまた「ブレない」と「変化を恐れない」をどちらも持っている方だ。

「もし昨日の考えと今日の考えが違ったとしたら、昨日の僕より成長したんだなぁと思えばいいんです」


この言葉にはとっても心が軽くなった。

生きていれば、歳を重ねれば、環境もそうだし、出会う人も食べるものも、行きたい場所も変わってくる。それと同じように考え方も変わるのだ。

そして変わることとブレることはなんか違う気がする。

これはまだ自分の中で上手く言語化できてないけど、きっと違う気がする。

わたしが大好きな方々はみな変化を恐れず、ブレない生き方をしている。

わたしときたら、変化を恐れ、ブレブレのときも多々あるが、いつか両方が共存している人間になりたいものです。

加瀬という男

2021・12・15

はじめて加瀬さんに会ったのは10年も前のこと。確かコスタリカの国内線の機内だったと記憶している。席で離陸を待っていると、前から小太りの男性がやってきて、開口一番わたしに、

「いもっちゃんチョリース！」

と言ってきた。

激しく動揺しているわたしに、加瀬さんは、

「あっ、コーディネーターの加瀬です」

ようやく状況を理解できたと同時に、これから1週間この方とともに過ごすのかと思うと、急に人見知りセンサーが反応した。

ようは第一印象は最悪だったのだ。

コスタリカは自然豊かな国で、特に鳥と昆虫の楽園といわれている。加瀬さんはそんな自然や野生動物に魅了されてコスタリカに渡り、観光ガイドやコーディネーターをやっている。

なかでも超がつくほどの鳥好きで、鳥のことになると激しく興奮し、すべての優先順位がひっくり返される。

正直に言うと、ロケでがっつり野生の鳥を紹介するというのはなかなか難しい。いたとしてもカメラで捕らえるのが難しいし、すぐに飛んでいってしまう。その上、こんなことを言うのは本当に申し訳ないのだが、少し地味感も否めない。

なもんで、わたし含めスタッフ一同、鳥に対しての熱量は少し低めなのである。

しかし加瀬さんは違う。圧倒的な熱量で鳥を激推ししてくる。

スケジュール的にも次の場所に移動しなければいけないのだが、そんなのお構いなしに、血眼《ちまなこ》になって鳥を探してくれている。あまりにも一生懸命なので、加瀬さんもう大丈夫ですよ、と誰も言い出せない空気。

だが、わたしたちも限りある時間をすべて鳥には費やせないので、その旨を加瀬さんに伝えると、あまりの悔しさからか自分で自分を殴っていた。熱く純粋でまっすぐな人なのである。

お仕事に関しても本当に全身全霊で、たとえ泥だらけになろうと、藪《やぶ》で傷だらけになろうと、突き進んでくれるのだ。

その結果、とにかく加瀬さんはアリに嚙まれる。

ジャングルで一番恐ろしいのは実はアリだといわれるくらい、中米や南米のアリは怖い。サイズも牙も日本のアリとは比べものにならないほどで、嚙まれると本当に電流が走るくらい痛い。しかも1匹だけでなく、何百匹単位で襲ってくるのだ。

何故か加瀬さんは何度もアリに嚙まれ、その様子が何度もテレビで放送されている。

とにかく一挙手一投足が面白く、わたしとしてはいつも嫉妬してしまうのだが、加瀬さんが現場にいるだけで明るくなる。

そしてなぜだろう、何でも言えてしまう。他の人には言えない我《わ》が儘《まま》も言えてしまう。

こんだけやっていて言うのもあれだが、絶叫マシーンが苦手なわたしを見かねて、加瀬さんも苦手なのにカメラには映らないところで一緒に乗ってくれたり、なんだかんだ言いつつ、めっちゃ頼りにしている。それはわたしだけでなく、スタッフさんも同じような気がする。

第一印象は最悪だったが、何度も異国で一緒に過ごすうちに、気がつきゃ加瀬の虜《とりこ》になっていたわたし。そんな加瀬さんとの交流は、コロナ禍でコスタリカから日本で過ごすことになった今も続いているのだ。

＊

コロナによって世界中で生活が一変し、仕事に関しても今まで通りとはいかない日々。わたし自身、あれだけ毎月行っていた海外ロケもストップし、定期的に会っていた各国のコーディネーターさんとも会えず寂しさを感じていた。

加瀬さんもそのひとりかと思いきや、彼は違った。

コスタリカの観光業も全てストップしているため、しばらくは日本に戻っているというではないか。

しかも、こんな機会はめったにないから、と今まで行ったことのない日本をひとりで軽ワゴンで巡るひとりジャパンツアーをするというではないか。

世の中全体的に閉塞感が漂い、暗い日々を過ごしている中、こんなに明るく楽しそうにしている加瀬って何者なんだといぶかると同時に、なんだか不安まみれの自分がおかしくなってきた。金銭面のことを聞いても、今までの蓄えと地元の友人のお手伝いをしたお金でやりくりしたり、1～2年くらい行きたい場所に行って、見てみたいものを見て、その後のことはそこで考えるとざっくばらんに話す加瀬さん。とてつもなくたくましく、うらやましく思えた。

きっと、今までもそうやって生きてきたのだろう。起こったことはしょうがない。その中で、どう自分らしく楽しむのか、生きるのか、というのを、まさかの加瀬さんから教わった気がする。

日本にいる加瀬さんには、本当にお世話になっている。DIYが得意な加瀬さんに、新居の本棚やファミリークローゼットをまるまる作ってもらった。第一印象から考えるととんでもない交流である。

つい先日も、栃木の湧き水で育てたおいしいイワナがあるから、と家に持ってきてくれた。そして次の日には、まだ行ったことがないからとひとりでディズニーシーに繰り出していた。とにもかくにも加瀬さんは最強なのである。

最初の機内での、

「いもっちゃん、チョリース！」

から、加瀬さん自身きっと何も変わってない。ただ年月なのか関係性なのか、わたし自身が変わったのか。少し強引な加瀬さんに心から助けられた。人に寄り添うって難しいけど、大切な人だったら、ときには強引に寄り添うことがあってもいいのかな、と加瀬さんを見ていて想う。

わたしよりも先にジャパンツアー47都道府県を制覇した加瀬さんは、まさかの2周目に突入するという。

おそるべし加瀬……。

大島さんの手土産

2022・04・20

先日、森三中の大島さんが、家に遊びに来た。

大島さんはいつも、心温まるものを持ってきてくださる。

「友達が送ってくれたおいしいトマト」

「知り合いに教えてもらったクラフトコーラ」

「ムーさん（村上知子さん）が使っててよさげだったから、自分も買ってめっちゃ良かったマッサージガン」

「わたしも気になっていたスイーツ」

「誰々さんがつくっている手作りお味噌」

そのラインナップに、いつも心が温かくなる。

きっとそれは、すべてに人とのつながりがあるからだ。

わたしは、大島さんの居住まいや人への接し方に憧れがある。

色んなことが見えていて、色んなことに気がついているけど、表に出すことはなくどーんと構え、いつも優しく見守ってくれる。

とにかくものすごい包容力なのだ。

そして最高に面白い。

だから、たまに一緒のロケがあると楽しみで楽しみで。ロケ中も移動中もご飯中も、ゴシップ話を中心に楽しませてもらっている。


ロケ中、ちょっとした時、垣間見える行動。

一緒にお手洗いに行くと、必ず自分が使ったあとの洗面所を綺麗にしてから出る。

それがあまりに自然で、流れるような手つきに感動した。

それ以来、影響されやすいわたしは、真似させてもらっている。

先輩とか後輩とか性別や年齢関係なく、魂そのものが高貴で憧れなのだ。

大島さんの発する言葉や仕草、歩き方や表情の地続きに手土産もあって、まさしく大島さんの人柄をあらわしていると思う。

きっとたくさんの人に、大切に大切に愛され、愛《いと》しの時間を過ごしてきたからなんだろうなぁ、と思いを馳せる。

そんな大好きな大島さんと、これからも一緒にお仕事したり、お家で遊んだり、健康情報を交換したり、ゴシップ情報もらったり、良き時間が過ごせたらいいなぁ、と思っております。

丁寧に暮らすヒント

2022・05・11

先日、憧れのユーチューバー「OKUDAIRA BASE」さんのお宅を訪問させてもらった。

「OKUDAIRA BASE」とは、奥平さんという現在28歳の男性が、日々の丁寧な暮らしを発信している動画チャンネルなのだが、数年ほど前から、わたしはこの動画を見まくっている。

そして影響されているのだ。

ここ数年、丁寧な暮らしに憧れているのも、だいぶ奥平さんの力によるものが大きい。

奥平さんの動画を見ると、気持ちがすぅーと落ち着き、なんだか自分も丁寧な暮らしをしているかのような疑似体験ができるのだ。

朝5時台に起き、出汁《だし》をとり、土鍋でお米を炊き、キッチン周りをDIYして、パンを焼き、夕方にはランニングをし、ゆっくり晩ご飯を作り、読書をして、眠りにつく。

まるで夢物語であるかのような生活だが、紛れもなく28歳の男性の一日なのだ。

これを全て真似するのはハードルが高い。

なもので、わたしは奥平さんが使っている道具や奥平さんが作っている道具を買いあさり、丁寧な気分を味わい楽しんでいた。


そんな、もはやファンである奥平さんのお家に訪問できる機会にこのたび恵まれた。

鼻息荒く行くと、そこには動画で見ていたまんまの超絶素敵なお家。

もはやハウススタジオである。

そこから奥平さんの素敵なおもてなし。

庭でとったヨモギを練り込んだ手作りパスタ。

カボチャを皮ごと使ったカボチャスープ。

新鮮なお野菜に美味すぎるお塩で食べるサラダ。

前日から仕込んでくださっていたチーズケーキ。

もう全てが美味しくて心がこもっており、体中が幸福で埋めつくされた。

そこから、お部屋を案内してもらったり、道具を紹介してもらったり、たくさんお話しさせていただいた。

奥平さんはお家にある全てのものに対して、楽しそうに嬉しそうに語る。

なんで購入したのか、どういうところが気に入っているのか、その道具とのストーリーがあるのだ。

だから、これなんで買ったんだっけ？　いつから置いてあるのだろう？　というものが1つもない。

愛情のあるものしかお家にないからこそ、その空間が気持ちの良いものになるのだ。

ただ断捨離をするとかそういうことではなく、本当に自分が好きなものを知っていて、工夫して使っているからだと思う。

それは、人に対しても同じで、最近ご結婚された奥様にも、常に「ありがとう」と声をかけられていた。

丁寧に暮らすとは、ただ形だけ、土鍋でご飯を炊くことでも、花瓶に花を生けることでも、ぞうきんで掃除することでもない。ものにも人にも感謝の気持ちをもって、目の前の今を思いっきり楽しむ。

その延長線上に、いわゆる丁寧といわれている暮らしがあるのかな、と奥平さんを見て感じた。

道具を買いあさるだけでなく、ホンモノの丁寧な暮らしを目指すべく、心を整えたいと思いながら、さっそく奥平さんが使っていたお塩とガラスケースをポチりました。

準備力

2022・06・08

先日、文化放送のラジオ番組「おとなりさん」にゲストで出させていただいた。火曜日のパーソナリティーであるアーティストの高橋優《ゆう》さんとアナウンサーの坂口愛美《あみ》さんと、楽しく気持ちのよい朝の時間を過ごした。

浜松町の高層階にあるブースは開放的で、その日はお天気もよく、なんというか心の底から楽しーーーと思えるあっとゆーまの時間だった。

それはもちろん場所や天気もあるが、一番は、ホストである高橋優さんのゲストに対するすさまじい準備力という誠実さがあったからだと思う。

今回の放送に向けて、高橋優さんは「よかん日和」のおそらくほぼ全てに目を通してくださり、興味をもってくださり、本番では話をひろげてくださった。

その情報量はすさまじく、めっちゃお忙しい方なのに、いつの間にこんなに読んだり見たりしてくださったのかと。

途中、自分のことなのに忘れかけていた内容のコラムのことを言われ、心の中で慌てふためく情けないわたし。

見て読んでもらうだけでありがたいのに、なんと、わたしが動画で紹介している手作りスポーツドリンクをお家で作り、現場に持ってきてくださったのだ。

正直、その味は少し個性的ではあったのだが、もはや味などどうでも良い、わたしゃその行動力に感動したのだ。

やっぱり人は、自分がいいと思っているものに共感してもらえたり、試してもらえたりするとすごく嬉しい。

それをさらりと、ユーモアを交えながらできる高橋優さん。

しかも、毎週ゲストを迎えるわけで、おそらく、いつもそうやって準備をされているのだろう。

きっと、それはお仕事だからというわけではなく、人にも自分にもいつも誠実に向き合っているからだろうな、と思いを馳せてみる。

それが、歌詞となり、メロディーとなり、たくさんの人の心に届くのだろう、と今回お会いして、お話しして、手作りスポーツドリンクを飲んで、感じました。

高橋優さんのように人にも自分にも誠実であれば、「明日はきっといい日になる」気がする。

義父のさがしもの

2022・07・20

わたしの義父は80歳。

以前はビルを建設する会社に勤めていて、わたしから見るととても几帳面である。

1日2時間のウォーキングを自分に課し、毎日綺麗な字で日記を綴っている。

そして、大の読書好きで、いつもリビングのソファで昔の本を読んでいる。

好きな作家は司馬遼太郎さんや山崎豊子さん、池波正太郎さんといったしぶいラインナップ。

そんな義父とあるとき、55年前に仕事仲間から借りて読んだ本で、面白くてもう一度読んでみたいものがあるんだよなぁ、という話になった。

題名や作者は覚えていないのだが、その内容をびっくりするほど鮮明に覚えており、わたしは驚いた。ぜひ、もう一度読んでもらいたいと、ネットで色々と検索してみたものの、なかなか見つからない。

どうしたものかと悩んでいるとき、わたしは閃いたのだ。

パーソナリティーをやっているラジオ「イモトアヤコのすっぴんしゃん」で、リスナーの皆さんに相談すればよいのではないか。

その旨を「すっぴんしゃん」のヘビーリスナーでもある義父に伝えると、「お願いします」。

すぐさま番組でリスナーさんに情報を乞うた。いやー、ラジオの力ってすごいですね。

数週間後には、義父のもとにその55年前に読んだ本が届いた。

その名も『フェイル・セイフ』。

先日、家にお邪魔したとき、嬉しそうに見せてくれた。

そして、まっすぐな目で、

「これは、表紙のカバーの感じからして、実際に55年前に借りた本そのものかもしれない」

わたしの義父は80歳。とてもピュアな心の持ち主である。

社長のルームツアー

2022・09・07

先日、所属事務所の社長の軽井沢にある保養所に、数年ぶりに、家族で遊びに行かせてもらった。

これがもうね、本当に素敵な場所、空間で、訪れた方がどれだけ快適にリラックスして過ごせるか、計算しつくされているのだ。

社長自ら各お部屋を案内してくれるのだが、これがまた最高なのだ。

家具や飾られている写真、アートへの愛情はもちろんのこと、客室のクローゼットのスーツケース置き場にまでこだわりがあって、全て社長自身が考えてこの建物作りに関わったことが分かる。

しかも、家具もただ高級家具を買い並べるわけではなく、自分のベビーダンスを活用したりと、オリジナリティーと愛とセンスあふれる空間なのだ。

そして、何よりそのこだわりひとつひとつを説明する社長が、楽しそうで楽しそうで、自然とこちらもめちゃめちゃ笑顔になる。

そこの主がそこにあるもの全てに愛を注ぐ空間は、それだけでパワースポットのように思えた。

そんなことを思いながら、ふと時計を見ると、気づけば小一時間経っていた。

もはや、ルームツアーというショーである。料金を払いたくなるくらいのエンターテインメントショー。

さらに、ちょうどその頃あいで、バーベキューの準備ができているという完璧な時間配分。

おそるべしである。

サムライ変化

2022・10・05

少し前に北海道でロケをしてきた。

北海道の絶景やアクティビティ、ダチョウのリポートをし、最後は辺境クライミングという名の下、高さ40メートルの滝をクライミングしてきた。

出産後復帰して2回目のロケにて、なかなかハードではあったが、久しぶりの濃いガチガチの自然に、気がつけばテンションが上がっている自分がいた。

そして自分自身のある変化に気づいた。

今までクライミングするとき、どちらかというと後ろ向きな気持ちから始まり、登っている最中も怒りがこみ上げてきて、その怒りをエネルギーにして、なんとか一歩踏み出すという感じであった。

結果、登れば景色は綺麗だし、達成感はあるし、登って良かったと思う。これが今までの、わたしのクライミングにおける王道のルーティーンだったのだが、今回は違った。なんだか気持ちが穏やかで、怒りというより、まさかの楽しみながら登ることができたのだ。これには、自分でもびっくりした。

もちろん、2年ぶりのクライミングで、天気も最高だったという条件もあるだろう。にしても、何が違ったのか。

よく、出産すると人が変わるというけど、そういうことなのか。

いや、それだけではないと思う。

今回のロケは、小野寺ディレクター、通称「サムライ」と一緒であった。

サムライとは番組に出始めた頃からの付き合いで、もう15年になる。

このサムライディレクターが曲者《くせもの》で、愛称はサムライだが、実際の所、全然サムライじゃないのだ。

ネガティブなところがあり、少しでも飛行機が遅れたりするだけで、この世の終わりみたいな空気になり、たとえば、天候で予定していたロケができなかった日などは、晩ご飯にも来ず、部屋に籠もるのだ。

なもので、こちらも1回のロケに何度もイライラしてしまう。

結果、それが面白おかしく描かれるので、オーライっちゃオーライなのだが……。

それがどうしたことか、今回の北海道ロケでは、イライラが一度もないではないか。

わたしが穏やかになった説もあるが、一番はサムライの変化だと思う。

1つロケが終わるたびに、

「良かった、面白かった」

と声かけをしてくれ、晩ご飯では、

「今日も皆さんのおかげで、いい映像が撮れました。明日も頑張りましょう！　乾杯！」

と音頭までとり、もはや別人なのだ。

ディレクターというロケの長が前向きなので、隊全体としても活気づく。

結果、わたし自身、前向きに楽しみながらクライミングできた。

もちろんわたしが変わった部分もあると思うけど、サムライもまたかなり変わっていた。

こうやって、お互い変化を繰り返し、進化できたら、最高だと思う。

と言いながら、次にクライミングするときは、怒りに身を任せ、登っているかもしれない。

それはそれで、まただいいか。

洞窟ガール

2022・10・26

「世界の果てまでイッテQ！」のロケで出会った人々とふれあい、「好き」があるってなんて尊いのだろうと感じる。

中でも衝撃的だったのが、洞窟に魅了された人たちだ。


そもそも、洞窟探検というのも今まであまりしたことがなく、その過酷な環境に驚き、慌てふためいた。

まず、とにかく狭くて暗い。

当たり前だが、実際に行くと、もう常に匍匐《ほふく》前進で、ヘッドライトがなければ真っ暗である。

気温は11度から12度で、寒い。

湿度は100％、足場も岩かドロドロ状態。

場所によっては、冷水に浸かりながら進まなくてはならない箇所もあり、強烈である。

そんな洞窟が、好きで好きでたまらないガイドの3人。
洞窟探検の第一人者、吉田さん
洞窟カメラマンのまっちゃん
紅一点、ゆかりん
このゆかりんがまあ印象的で、小柄な身体で大量の荷物をしょいながら、洞窟内を縦横無尽に進むのだ。
そして、とにかく底抜けに明るい。

洞窟ではトイレがNGなため、尿はボトルへ、便はジップロックに入れ、持ち運ぶ。

しかも、長いときは1ヶ月ほど、地上には出てこないという。

ゆかりんが、洞窟探検で一番いやなことは、

「びしょびしょに濡れた冷たいつなぎを朝一でまた着る瞬間が、もう本当にいやなんですぅ」

と爆笑しながら言う。

わたしなら絶対に無理だ。文句ばっかり言ってしまうだろう。

すさまじいメンタルだと思う。

なんでそんなに明るいんですか？　と聞くと、

「洞窟は日が当たらないところで、人間、日が当たらないと自律神経が乱れて不安定になる。だからこそ、普段から意識的に明るく振る舞っていたら、こうなりました」

すごい、すごすぎる。

身体も心も、洞窟で生き抜くために進化している。

人は好きなもののためなら、何歳になっても、きっと進化できる生き物なのだと、ゆかりんに出会い、思った。

ギャップ萌え

2022・11・02

だいぶ前にはなるが、「あさイチ」のロケで憧れの料理研究家・有元葉子さんとお会いすることができた。

会う前からワクワクとドキドキが入り交じっていた。

実際にお会いすると、思っていた以上に穏やかかつ凛《りん》とされていて、美しかった。

料理を教わるときも、手際はもちろんのこと、有元さんの発する言葉がとても綺麗で、惚れ惚れしていた。

「キャベツはこうやって水につけて、養生しておくと……」

なかなか聞き慣れない言葉に頭をフル回転させていた。

なんだか、遠い異国の貴族の方に触れているような感覚にぽーっとしていた。

ところがである。

しっかりと水分をすわせたキャベツを炒める段階になったとき、これまたしっかり熱した鉄のフライパンにたっぷり油をひき、そこに水分たっぷりのキャベツをそのままぶち込んだのだ。

そばにいたわたしは、そのとんでもない音量のジュワーにたまげて、よけてしまった。

そして、予想通り、めちゃめちゃ油がはねている。

絶対に熱い。

ところが、有元さんを見ると、平然とキャベツを炒めているではないか。

どう見ても手に油が当たっていそうに見えるが、なんのリアクションもせず、淡々と炒めている。


わたしはふと、昔タイで素手で唐揚げを揚げていたおじさんを思い出した。

怒られるかもしれないが、一瞬2人の姿が重なって見えたのだ。

それくらい豪快だった。

穏やかで丁寧なマダム像とのギャップにやられた。

これぞギャップ萌えである。

そして、優しい口調で、

「どうぞ召し上がってください」

と言われ、食べたキャベツ炒めは、キャベツの甘みが最大限に引き出され、今まで食べたキャベツ炒めで一番美味しかった。

怒濤の再会day

2023・05・03

先日、久しぶりに「しゃべくり007」に出させていただいたときの話。

番組の企画で、懐かしい方々に再会することができた。

もうそのラインナップたるや、すさまじかった。


幼い頃、よく一緒に遊んでいた、いとこのゆみちゃん。

かれこれ20年ほど会っていなかった。

昔は、よくうちの妹と3人で、夏休みなどに遊び、帰るときには「帰りたくない」と泣くゆみちゃんが本当にかわいらしく、もう1人の妹のような存在だった。

そんなゆみちゃんが、まさかの自分の娘を連れて、番組に出てくれたのだ。

色んな感情が溢れて、言葉が追いつかなかった。

その次に来てくれたのが、中学のとき、同じ生徒会副会長だった1つ下の家入くん。

中学以来、会っていなかったのだが、そのまま大人になったかのような姿に、すぐに家入くんだと分かる。

当時から弄《いじ》られキャラで、番組でもすぐさまその匂いを感知したしゃべくりメンバーに弄られまくっていた。

その次は、高校の同級生の足立くん。

高校時代にはそんなに話したことはなかったのだが、心優しき足立くんは番組に来てくれたのだ。

当時は坊主だったたが、出てきた足立くんはまさかの長髪で、超絶おしゃれな出で立ち。

おとなしめのキャラではあるが、ホリケンさんにめちゃくちゃにされ、最後はギャグまで披露する羽目に。

わたしとしては、新たな足立くんに出会えた時間であった。

その次は、大学時代の友人。

大学生の頃に、ネプチューンさんがやられている「ハモネプリーグ」という番組にアカペラグループとして出場した。

そのときのメンバー3人が来てくれたのだ。

流れで急遽、当時披露した歌を歌うことになったのだが、誰も練習していない状況でやってみると、それはそれはひどいものだった。

みんなで冷や汗をかき、これはこれで、ある意味忘れられない思い出となった。


最後は、まさかまさかのターザン登場。

わたしにとっては、第二の故郷でもあるアマゾン。

そこで16年前に出会ったのが、ターザンことユーリ。

ユーリは本当にすごくて、ピラニアやワニのいる川に平気で飛び込むわ、すぐに木に登り猿を見つけるわ、まさにターザンなのだ。

そんなユーリとは、コロナもあり久しく会っていなかったのだが、今回わざわざブラジルから駆けつけてくれたのだ。

登場した瞬間、思わず駆け寄り、抱きついてしまった。

その腕っ節のたくましさや穏やかな笑顔は変わりなく、優しくて強いユーリはそのままだった。

1日にこんなにも色んな人に再会すると、あまりにも濃すぎて、ノスタルジックになるかと思いきや、興奮が先立っていた。

来てくれた皆さんには感謝しかなく、改めてわたしは周りの人に恵まれているのだなと感じた。

そして、人に会うということは、心が動き、心が旅する、そんな機会でもある。

わたしは、今回ある意味、心の旅で世界一周したような気分であった。

物のこと

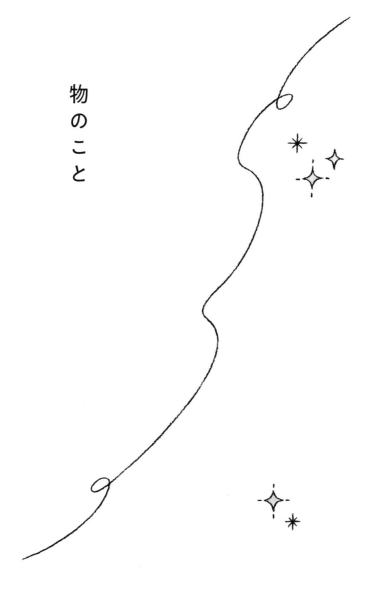

竹かご生活

2021・09・22

レジ袋が有料になってからというもの、常にエコバッグを携帯するようになった。そして日々エコバッグも進化しており、デザイン性に長《た》けたもの、アウトドア用の耐久性に優れたものなどさまざまなタイプのものが出ている。わたしも色々と試した結果、アウトドアブランドの「mont-bell（モンベル）」のものと、「NANGA（ナンガ）」のエコバッグに落ち着いた。

2つとも耐久性が素晴らしい上に、ナンガのエコバッグに関しては信じられないくらい小さくなる。折りたたむとほぼミートボールくらいになるのだ。

しばらくはこのツートップで快適エコバッグ生活がおくれると思っていたのだが、突如、ダークホースがあらわれた。

たまたまネットサーフィンをしていた時のこと。日本の工芸品「竹かご」が一瞬にしてわたしの心をわしづかみにしたのだ。洗練されたデザイン、一個一個職人さんが丁寧に手作りされているという情報。気がつきゃなかなか高額な竹かごをポチっている自分がいた。竹かごから長ネギが飛び出ている絵を想像してはニヤニヤした。

実際竹かごを使ってみてその機能性にびっくらこいた。まずかなり丈夫に作られているので、重いものをいれても全く問題ない。そしてなによりかにより、レジでかごからかごにそのまま詰めてくれるので、別で袋詰めをする手間がはぶける。くわえて、持っているだけでかなり気分が上がる。異国のどこぞのマルシェで買い物しているかのような気持ちを味わえるのだ。ただ携帯性はないので、家の近所もしくは車移動の時に限られるが、それでも大満足の買い物であった。しばらくわたしの快適竹かご生活は続きそうである。

時代に逆行するお財布

2021・10・06

令和になり、いまや時代はキャッシュレスが当たり前。それにともないお財布もどんどんミニマムになっていく。

わたしもばらつきがあるものの、だいたい1〜2年に1度、お財布を新調してきた。

ある時は「お金持ちは長財布を使う」という風潮に影響されて長財布を使ったり、ミニマムブームに乗っかりたばこの箱くらいの財布にしたり、はたまた海外で見たマネークリップに憧れ「マネークリップと小銭はポッケ」みたいなスタイルでうろついたり。

財布遍歴は色々あるが、今使っているお財布がわたし史上ナンバーワンお財布なのだ。

その名も「N25」という。

種類でいうと、がま口長財布になるのであろうか。とにもかくにも愛おしいお財布なのだ。財布ではなく、お財布と言いたくなる。

きっかけは、とあるおしゃれ雑誌を見ていた時。その黒々とした丸みをおびたフォルムに金色の上品な口金。けっして小さくも軽くもなさそうな見た目。時代とはあえて逆をいっているが、そこにぶれない芯を感じた。

まさに一目惚れ。

すぐさまネットで調べると、わたしのわくわくをさらに助長させる写真や文言《もんごん》。

「N25の手掛けるがま口ウォレットは厳選された革を使い、職人が一針一針手縫いで仕上げる温かみのあるがま口財布です」

ヒイヒイもんだ。

ネットでももちろん購入できるが、やはり毎日使うもの。実際手に取り、使い心地を見たい。店舗を調べるとまさかの群馬の高崎と桐生、そして鎌倉。少しでも近い鎌倉に行くことに。

ステキなお店の難点は、とにかく分かりづらい場所にあることだ。

グーグルマップとにらめっこしているが、もう近いはずなのに一向にたどり着かない。猛暑のなか、お店の名前「べルーリア」鎌倉店とうわごとのように呟きながら彷徨《さまよ》う。

鎌倉なのに通りがかるひともおらず、お店に電話しようかと思ったその時、ここは絶対にちがうであろう小道を入っていくと、ステキな一軒家のお店があらわれた。

お財布が買える喜びというよりは涼める喜びがまさった。

一旦落ち着こうと、古民家風の店内を見て回ると、商品からインテリアから、何から何までステキなのだ。

お客はわたしひとり。店主のかたに「N25」を買いに来た旨を伝え、実際に手に取る。もうね、持った瞬間にしっくりきた。

自分の手のサイズに合わせてもらった？　と勘違いを起こしそうになる。気になっていた使い勝手もよさげだ。がま口の部分も開けやすいし、収納もたっぷり、なかにチャックつきのカードケースも入っているので、どうしてもミニマムにしたい時はそれだけでも大丈夫。

なんの迷いもなく購入を決定。

そして嬉しいのは、革の種類、色、口金のサイズなどを自分で決められて、一個一個すべて手作業で作られるということ。

そのため手元に届くまでに約3ヶ月かかる。それもまたよいではないか。

性格上買ったらすぐ使いたくなるのが、この待つという行為がよけいに愛着をわかせるのだ。

使いはじめて1年経つが、いまだに手に持つとわくわくする。だんだんと革も馴染んできて持ってるだけで気持ちがいい。

あと、お買い物をした時、レジの方にかわいいお財布ですねと声をかけられることが増えた。そのたびになんだかとても誇らしくなる。

時代には逆行しているかもしれないが、このお財布を持つことで流されない自分自身も保てそうだ。

どこかブレない部分を持つ大事さを、このお財布に教わった気がする。

そういう所あります

2021・10・13

丁寧な暮らしに憧れる、ズボラなわたし。

物持ちもなるべく良くしたい、けれど新しいものには目がない。どうしようもないわたしですが、数年前に購入した「傘」、これは大事に使っている。

それまでは天気予報もろくに確認せず、家を出ては雨に降られ、近くのコンビニでとりあえずビニール傘を購入。そのまま家に持って帰るを繰り返すものだから、家には大量のビニール傘がたまっていた。

かと思えば電車の中や出先に忘れることも多々。ビニール傘には申し訳ないのだが、愛着を持つことなく、どちらかというと使い捨てという感覚で付き合ってきた。

ひどい話だ。男女の関係で考えると完全に炎上ものである。

そんな感じだった傘との関係に変化が訪れたのは、ロケでフランスに行った時のこと。通称「モネの庭」という場所を訪れた。アートには詳しくないわたしでもさすがに知っている、あのモネ。「睡蓮」で有名なあのモネ。実際モネが住んでいたお家や「睡蓮」のモデルにもなった立派な池。ミーハーなわたしはテンションが上がりまくった。なんならすぐさま、にわかモネファンになった。

そんなにわかファンがお土産ショップによったところ、テンションも爆上がり。そこで見つけてしまったのだ、モネの絵柄の大きな傘を。スーツケースにギリ入らない長さ。いつもなら諦めるが一目惚れをしてしまった。この傘があれば、雨の日が楽しみになるのでは。コンビニのビニール傘とはきれいさっぱりお別れできるかも。そんな期待を胸に、確か40ユーロほどで手に入れた。それからというもの天気予報をきちんと確認し、どこにも忘れることなく数年モネ傘を使い続けている。

先日、お気に入りのモネ傘を自慢したくインスタグラムに投稿した。

#脱ビニール傘　#以前はしょっちゅう傘失くしてました、と意気揚々とアップした。

その日、モネ傘をお店に忘れた。

家に帰ってからそのことに気づき、えらく反省。

言ったそばからとはこのことだ。お店に電話をし、モネっぽい柄という説明をしてしまい、また反省。後日信じられないくらいピーカンの日に傘を取りにいき、これまた出会うひとに、今日雨降るの？　と聞かれ説明するはめに……。

そういう所、わたしあります。

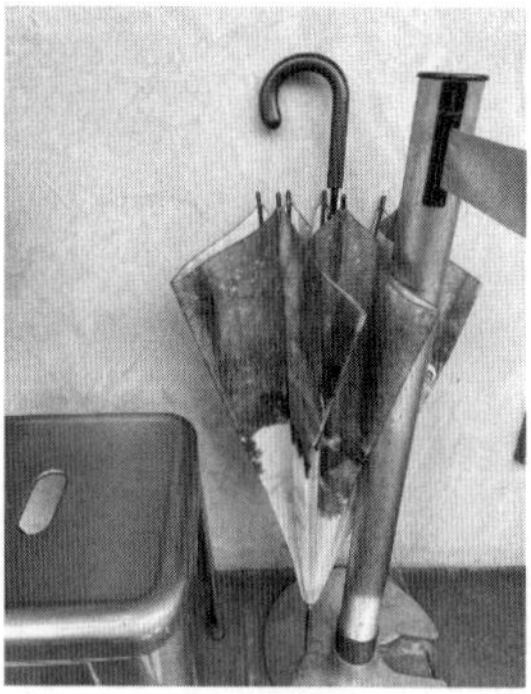

新たな絵画を買う

2021・10・27

昔から美術の成績は悪く、中学生の時は5段階評価で「2」だったわたし。動物や人物を描こうものなら壁画のような作品になり、友人たちからはいわゆる〝画伯〟と呼ばれてきた。

自分で描くのは苦手だが絵を見るのは好きで、よく一人で美術館にいっては分かったような感じで腕をうしろで組み、うろうろ見て回る。

細かいことは分からないので、基本は直感というか自分が好きかどうかで楽しむことしかできない。

そんなわたしが人生ではじめて購入した絵画は、大好きな作家・西加奈子さんの絵。本の装丁をご自身で描かれていて、個展に遊びに行った時に一つ買わせてもらった。すると気前の良すぎる西さんが、「これも良かったら持っていって」と、実際購入した絵の倍はあろう大きさの絵もくださったのだ。

おまけと言うにはでかすぎる。しかも、わたしが大好きな小説の装丁に使われている。以来、我が家のリビングにどーんと飾らせていただいている。

この絵を飾るようになってからお家の雰囲気が明るくなり、元気がみなぎっている気がする。植物と一緒で、やはり自分が好きな絵を飾るというのは気持ち的にも良い効果があるんだと学んだ。


そして先日、友人の紹介で、とある個展にいった。これまたすさまじく、具体的ななにかが描かれている絵ではないけど、パワー全開なのだ。

言葉で説明するのは難しいのだが、アーティストの方いわく、気とかエネルギーで描いているらしい。こう聞くととんでもなく怪しい、イモト大丈夫かと思われそうだが、それを見た時に自分が好きか、気持ちいいものかが大切なので、

イモト大丈夫である。

そして、わたしのために描いてくださると言う。しかもわたしのエネルギーを使ってだ。

寝室に置きたいと言うと、よく眠れるようになると言う。

イモト大丈夫である。

話はとんとん拍子に進み、数週間後には、わたしのエネルギーを使い目の前で絵を描いてもらったものの15分で完成。なんだか不思議な体験だった。そこから時間が経つと変化する部分もあるらしく、本当の完成までにはもう少し時間がかかるそうだ。

はやく寝室に飾り、ぐっすり眠って疲れがとれる日を心待ちにしている。

湯たんぽ生活

2021・12・08

寒くなってきた今日この頃。

夜、お布団のなかで大活躍してくれるのは、我らが湯たんぽさんだ。

寒がりのわたしは冬には暖房をガンガンにつけて寝ていたのだが、どうも翌朝になると喉がイガイガ、声がガラガラ。

しかも肝心の末端は冷え冷えのままだ。

これは困ったもんだと思いながらも良き対策は出てこず、冬を何度か越した3年前のこと。

ちょうどその時期、ドラマ「下町ロケット」に出演させてもらっていた。

ロケ地はドラマの題材でもあるものづくりのまち・新潟燕三条。

そこで出会ってしまったのだ。わたしを芯から温めてくれる湯たんぽさんに。撮影が早く終わったその日、わたしはひとり燕三条の物産館をうろちょろしていた。銀食器だったり刃物だったり、ヒイヒイする道具たちが並んでいた。

そこに一際目立つ、丸く銅色に輝くもの。

最初なにか分からず、近づくと、湯たんぽの文字。

その「ぽ」というのがいじらしく、かわいく感じてしまった。

わたしのなかでの湯たんぽは銀色の無骨な近づきがたいイメージだったが、この「新光金属」さんの湯たんぽは温かみと親近感がある。

すぐさまゲットし、それから3年間、冬は毎日お世話になっている。居ないと困る相棒である。

使ってみて思ったのは、銅なのでとにかく熱の伝導率が半端ない。

お湯を入れるとものの5秒であっちっちいになるので、間違って素手で触った日にゃ大変なことになる。直径16センチなのに布団全体が温かくなり、手足の末端もぽっかぽか。しかも朝起きてもまだ温かいのである。

それ以降、喉の調子もよくなり、なんなら電気代も抑えられ、湯たんぽさまさまである。

今年の冬もまた一緒に越えるであろう、心強いわたしの味方です。

久々クレヨン

2022・01・12

10年来お世話になっている美容師さんが独立して、お店を出されることになった。めでたい門出だ。わたしも微力ながら、なにかできないかなぁと思っていた矢先、カット中に突然、

「もし良かったら、新しいお店に飾る絵を描いてもらえませんか？」

なぬ⁉　アートが好きという話をしたことはあるが、実際自分で描くのは本当に苦手なわたし。美術の評価もいつも「2」だった。

大人になってからも、描けば「ほぼ壁画」と言われ、なるだけそれがバレないように生きてきた。

そんなわたしが、一世一代の新たなお店に飾る絵を。

おそらく、とてつもなくおしゃれであろうお店に。

脳内ではパニクっているのに、口から発したのは、

「もちろんいいですよ」。

わたし、そういう所あるのです。


その日から、何か良い方法はないかと考え、思いついたのが写真だった。

写真は上手ではないが好きで、海外ロケにはいつもカメラを持って行き、撮っている。

美容師さんもアフリカにひとり旅をしたりと、異国好き。

自分なりのいい感じの写真もたくさんある。

よし写真を使おう！　とまでは思いついたものの、写真だけ渡す訳にはいかない。もはや手抜き感が否めない。

そこでひらめいたのが、写真と絵の融合だ。

とある展覧会に行った時に、写真の上からペイントしてある作品を見て、インスピレーションをいただいた。

あくまでもインスピレーションである。

そこから試行錯誤をして、キャンバスにプリントされたものにクレヨンで描くのが、わ

たしでもなんとかできるアートだった。

そして、その作業がすこぶる楽しい。

クレヨンというものをおそらく保育園ぶりに使ったのだが、直感的に描けるので、絵が苦手な人でも楽しめる。筆などを使わず、指先で直接こすったりもできるので、童心に返れるのだ。

上手に描こうとか、正しく描こうとかじゃなく、楽しく描こうというマインドになるクレヨン。

我ながらいい感じのアートになった気はしているが、まだ誰にも見せていないため、人の評価は分からない。

果たして美容師さんに気に入ってもらえるのか、お店に飾られるのか、ドキドキである。

評価はどうあれ、楽しい時間を過ごすことができた。

皆さんも久々にクレヨンに触れてみてください。なんとも言えぬ幸福感に包まれますよ。

ウー・ウェンさんのフライパン

2022・01・26

数年前、「サワコの朝」に出演した際、阿川佐和子さんに結婚お祝いとして頂いたウー・ウェンパン。

ウー・ウェンパンとは、中国出身の料理研究家ウー・ウェンさんが開発したフライパンである。

このフライパンが本当に便利で、フライパンとして、炒める、焼く、煮込む、茹でる、揚げるはもちろん、付属のスチームトレーとドーム蓋を使うと、なんと蒸すといういろの役割も果たしてくれるのだ。

ちょうど料理というものに触れ出した頃だったので、あまりの使いやすさに度肝を抜かれ、道具一つで、こんなにも料理に対してのハードルは下がり、やる気は上がるものなのだと、阿川佐和子さんに感謝した。

基本的に、我が家はほぼこのウー・ウェンパン1つでまかなっている。大好きな唐揚げに、お昼によく作るペペロンチーノ、生姜焼きに煮物系、冷凍の肉まん。我ながら、美味しいご飯にありつけている気がする。

順番は逆なのだが、ウー・ウェンさん自身のことも知りたくなり、著書も拝読した。すてきな道具を作られる方は、自分のことをよく理解し、身体を何よりも大切にし、ご飯を愛し、すてきな言葉をつかい、生き方もまた魅力的なのだと気づかされた。

道具からその方を知るというのも、また面白い経験です。

たびソックス

2022・02・16

最近よく聞く「冷えとり」という言葉。

そういった類に即座に反応するわたしは、早速、雑誌やらで情報収集し、いかに身体を温めることが大切かを自分自身にたたき込み、冷えと闘うことを誓った。

よく言われるのが、「首」という名のつく箇所を温めるのが大切だということ。

首はもちろん、手首足首を温めると身体全体が温まるらしい。

そのために必要なのが、やはり靴下である。

調べると、冷えとり用靴下なるものがあり、5本指ソックスをシルクやら綿やらで、4枚ほど重ね履きするのだという。

わたしも早速試してみたのだが、確かにめっちゃ温まるし、心なしか体調も良くなった気がした。

ただ、お家時間には適しているが、これを履いて外出となると、とんでもない足のサイズになってしまう。

入る靴が見当たらず、結果、真冬にサンダルを履くという本末転倒なスタイルになった。

しかも、洋服とも合わせづらい。

なので、外での冷えとりは諦めていたのだが、ある時、最高の靴下に出会ってしまったのだ。


よく行くお洋服屋さんで、お世話になっている店員さんが教えてくれたオシャレ冷えとりソックス。

「w&fw（ダブルアンドエフダブル）」というブランドで、スタイリストさんが「冷えとりもしたいけどオシャレもしたい」という一石二鳥を叶えるために立ち上げたらしい。

まずは、なんと言ってもかわいい見た目。

たびソックスや5本指ソックスには抵抗ある方もいると思うが、この靴下には、お祭り感やデオドラントを気にするおじさん感はいっさいない。

色もさまざまで、ラメが施されている。

そして何よりも素晴らしいのが、1枚で内側がシルク、外側がコットン素材の2重構造なので、靴のサイズを変えることなく、冷えとりができるのだ。

少々お値段は張るが、一度試すとやめられない。

うちの靴下棚は、今この靴下しか入っていない。

まだまだ寒さが続きそうな時期、湯たんぽもしかり、冷えと闘い続けることをここに誓います。

代用という工夫

2022・08・03

最近、ちょこちょこと引き出しの中や棚の一角を整理するブームがきている。

きっかけは、有元葉子さんの『使いきる。有元葉子の整理術 衣・食・住・からだ・頭』（講談社）を読んで、またまた影響されたことだ。

今までも何度も整理整頓ブームはきていたのだが、今回違うのは、今あるものでどうにか工夫してやってみるということだ。

今までは、よし整理するぞとなると、仕切りケースや収納ボックスなどを買いそろえ、台所用やお風呂用などという表記に惑わされ、それじゃないといけないという概念にとらわれていた。

しかし、有元さんのように工夫して、今あるもので、別の用途や場所を自分なりに探してやってみることにした。

すると、意外にも、洗面所で使っていたケースがパントリーで活かされたり、クローゼットにあったかごが台所の引き出しに使えたりと、今あるもので代用できたのだ。

しかも、それを考えている時間や閃いた瞬間が、めっちゃ楽しかったのだ。

性格上、何でも一回リセットして新たなものをそろえがちだが、こうやって工夫しながら自分らしさを作っていく楽しみを見つけてしまったわたし。

どうか、ブームで終わらないことを祈るのである。

優秀すぎるパンツ

2022・08・31

何事にも飽きっぽいわたし。

こと衣服に関しては、毎月、いや毎週のように、自分の中のブームが来て、あれやこれやを試している。

スティーブ・ジョブズのように私服を制服化するのが目標ではあるが、仕事で毎度毎度制服を着ているせいか、私服は色々と試したくなるのかもしれない。

そんなわたしが、ここ7〜8年、浮気せずに愛し続ける一本のパンツがある。

「THE NORTH FACE（ザ・ノース・フェイス）」から出ている「アルパインライトパンツ」である。

出会いのきっかけは、仕事で山登りをするときに、なるべくストレスなく登れるものを探したことだった。

条件としては、とにもかくにも伸縮性、ウエストはゴムで、カチッとする必要性のないもの。

そんな条件のなか、何本か試して出会ったのが、「アルパインライトパンツ」である。

もうね、抜群の伸縮性で、山どころかロッククライミングでもストレスがない。

そして、ウエストもゴム&ボタンでカチッとする部分がないので、バックパックの腰ベルトが当たるストレスもない。

すぐに気に入ったわたしは、このパンツとともにアイガーはじめ、さまざまな頂《いただき》に登った。

このパンツのすごいところは、これだけ機能的なのに、すーっと街にも溶け込めることである。

なんなら、気持ち脚も細く見せられるような気もする。

我ながら、美しいシルエットになるのだ。

なので、旅には欠かせない一本で、長時間のフライトもなんのその。

街歩きにも最適で、トップスをシャツにしたらアウトドア感もなくなり、レストランにも行けてしまう、優秀すぎるパンツなのだ。

唯一の欠点は、比較的薄いので、真冬には向いてないこと。

それ以外はいつでもお供できる。
ここ数年、何度も何度も断捨離しているが、ずーっと一軍選手である。
そして、これだけ穿いて、洗濯しているのにへこたれない。
書けば書くほど、いいとこしか見つからないこのパンツ、本当におすすめである。
この先も、山も旅も、日常にも、お世話になる予定です。
そして、一言言わせてください。
決して、回し者ではありませんので。

漏れないタンブラー

2023・01・11

最近、あらたに仲間入りしたコーヒーグッズがある。

その名も「STTOKE（ストーク）」といういわゆるタンブラーなのだが、なにがすごいって、蓋が完全止水なのである。

この手のタンブラーは、そもそもテーブルの上であまり動かないことを前提につくられていると思うが、ストークはたとえバッグの中でひっくり返ろうが漏れない。

はじめは、半信半疑で使いはじめた。

いきなりバッグの中はかなりハードル高めなので、まずはベビーカーに取り付けているカップホルダーへ。

よく散歩途中にコーヒーを買って入れるのだが、ちょっとしたガタガタ道で、カップからコーヒーがこぼれてしまう。

「ストーク」はというと、全然こぼれない上に、保温も完璧だった。

漏れないというのも素晴らしいが、ステンレス製のカップで飲んだときに感じるあの金属感が全くなく、まるで陶器のマグカップで飲んでいるかのような口あたりで、コーヒーを楽しめる。

そして、バッグにドンとインしてみたのだが、全く漏れず、今では紙の書類などとも一緒に、どさっと入れている。

おそるべし「ストーク」。

そのうち、パソコンなどとも一緒に入れる日がきそうである。

ヴィンテージブーム

2023・03・15

自分でもびっくりなのだが、ここに来てまさかのヴィンテージブームがやってきた。

なんのヴィンテージかというと洋服のお話で、いわゆる古着である。

昔から洋服は大好きで、そのときそのときの自分が好きなものをできる範囲で楽しんできた。

今でこそ、どこに住んでいてもインターネットで世界中の欲しいものが買えるが、20年以上前の鳥取の田舎では、手に入るものが限られていた。

自分なりに工夫をし、制服の上に羽織るカーディガンやダッフルコートでおしゃれを楽しんでいた。

大学で神奈川に進学すると東京への憧れが爆発し、「109」に出向き、そこでしか買えないブランドを買いあさった。

「COCOLULU（ココルル）」、「MOUSSY（マウジー）」。

もう、田舎っ子からしたら、よだれもんであった。

とにかく好奇心旺盛なわたしは、ギャル風から当時絶大なるカリスマだったエビちゃん風、安室ちゃんのバックダンサー風など、さまざまなものを試した。


お笑いの養成所に通うようになってからは、なかなか洋服にお金をかけられなくなったのだが、近所のホームセンターで300円の作業着を買い、裾をアレンジしたりと、それはそれで楽しんでいた。

テレビに出るようになると、今まで知らなかった洋服たちに触れる機会が増え、情報量も増した。

洋服にお金をかけられるようになり、いわゆるハイブランドもゲットした。

だいぶ背伸びをしていたと思う。

ただそれが楽しくて楽しくて、よく家で1人ファッションショーをしては、そのまま深夜のコンビニに繰り出し、あわよくば写真でも撮られないかと妄想したものだ。

途中、スティーブ・ジョブズに憧れ、突如、毎日白シャツとデニムを着続けた3ヶ月間もあった。

しかし、やはり大好きな洋服。

ジョブズは服装を考える時間がもったいないと制服化していただけで、わたしゃ服装を考えるのが大好きなんだということに気づき、ジョブズ化はやめた。

ここ数年はシンプル傾向にあり、加えて息子を産んだことによる体型の変化や抱っこしやすさや動きやすさを考え、着ていてとにかく楽なものを追求していた。


ところがだ。

ある日、1人でうろちょろしていたときのこと。

とある通りを歩いていると、何やら楽しげなオーラを醸し出しているヴィンテージのお店。

吸い込まれるように中に入ると、なんだかおしゃれが漂う異空間。

緊張しながら、一点一点洋服を見ていく。

どれも個性的で、色合いも形も派手で、シンプルとは真逆をいっている。

けれど、ものすごくワクワクする。

帽子ゾーンを見ていると、お店の方が話しかけてくださった。

どういうものを探していて、どういうものが好きかを話しているうちに、

「これや、これ、これも似合いそうだな」

とやや興奮気味に渡されたものは、今の自分では選ばないものたち。

せっかくだし、試着させていただく。

すると、今まで自分の中で眠っていた何かがたたき起こされた。

とんでもなくしっくりきたのだ。

傍《はた》から見たらド派手人間かもしれないが、自分の中では細胞レベルでピタッとはまり、何より心が喜んでいる。

そこからは怒濤の試着会。

2人のヴィンテージマニアさんが、あれもこれもと楽しそうに服を持ってきては、アレンジの仕方や着こなしを教えてくれる。

どれも70年代や80年代のもので、メキシコの羽織物やグアテマラの手織りのジャケットなど、その時代にその土地の方が丁寧に作ったものだ。

ロマンも感じる。数点ほど購入させていただいた。

もう帰りはウキウキワクワク、早く着たくてしょうがなかった。

今回気づかされたのは、自分が何を着たいかは、自分がどう生きたいのかに通ずるのではないかということ。

37歳だからとか、母親だからとか、何かに自分を当てはめがちになっていた今日この頃。抱っこしやすい服とか、伸縮性のパンツとか、それはそれで素晴らしいが、わたしの心からワクワクは消えていた。

それが今回、素敵なヴィンテージショップに出会い、ワクワクが帰ってきたのだ。

もちろん最低限のＴＰＯは必要だが、お気に入りの洋服で街をうろちょろしたい。

そんな季節になりました。

フィルムカメラ

2023・06・21

ここ数年、ずっと自分の中での欲しいものリストに居続けているのが、ライカのカメラである。

写真を撮るのは好きで、ここ十数年で、カメラを何機か購入しては使っている。

今はSONYの「α7」を使っており、もう動画もバッチリ撮れるわ、それはそれは満足しているのだが、ことあるごとにライカが気になって気になってしょうがない。

だいたい年1のペースでやってくるのだが、カメラの中でもライカは、目ん玉が飛び出るくらいの値段がする。

特にわたしが狙っている「Mマウント」は、レンズも併せると車が買えるようなお値段。

雰囲気で「欲しい」ではなかなか手が出せない。

なぜここまで、ライカはひとを魅了するのか。他のものと何が違うのか。

ライカにまつわる本を買っては、知識を増やし、夢が膨らんだ。

ただそれだけの買い物をするのであれば、一度手に取って使ってみないと買えない。洋服でいうところの試着である。

話はズレるが、最近、もう試着をせずに洋服は買わないと決めている。着てみて本当に納得のいくしっくりきたものだけを買う。値段にかかわらず、絶対に試着する。これがかなりいい。無駄に買うこともなければ、ネットで頼んでサイズを失敗するということもなくなったのだ。

その試着のチャンスが最近訪れたのだ。

ライカのお試しなんて、そうそうできるものではない。

雑誌「CREA」の撮影のとき。

カメラマンさんの首から誇らしげにぶら下がっているのは、ライカではないか。まだ撮影が終わってもいないのに、「もし可能なら、あとで少し触らせてもらってもよいですか」。

こういうときのわたしは、超積極的なのである。

「もちろん。カメラ興味あるのですか？」と撮影しながら、カメラ談義が始まった。

すると、そのカメラマンさんがふと、

「イモトさん、フィルムはやらないのですか？」。

その言葉を聞くまで、わたしの中でフィルムカメラという選択肢は一切なかった。

このデジタルの時代。

撮ったものはすぐに確認したいし、なんならすぐにSNSにあげたいひとだ。

自分には関係のないものだと思っていた。

「イモトさん、コンタックスの『T3』使えばいいのに」

なぜかこの初めて聞いた「コンタックス T3」というワードが、その日、頭から離れなかった。実際にライカ「M-P」を触らせてもらい、写真も撮らせてもらったが、素晴らしいカメラだった。

しかし、頭にメモされた「コンタックス T3」がずっと離れない。

もう読んでいる方はお気づきだろうが、結果わたしはフィルムカメラ「コンタックス T3」をゲットした。

「コンタックス T3」とやら

2023・06・28

散々ライカのことを話し、いかにもライカを買うと見せかけてしまった。

しかし、買ったのはまさかの「コンタックス T3」というフィルムカメラ。

自分でもよく分からないのだが、こういうことが、結構日常的にある。

絶対に餃子定食を食べようとお店に入ったのに、なぜかメニューの写真で一目惚れしたレバニラ定食を頼んでしまう。

あの感じに今回もすごく似ていた。

そして、いつも思うのは「これにして良かった」。

単純なひとである。

ちょっと話はズレたが、その名を知った日からわたしの頭の中は「コンタックス T3」でいっぱいになった。

調べれば調べるほど、欲しくなった。驚いたのは、買おうと思っても、今はもう生産されてない20年以上も前のものであること。

中古品を探すのだが、これがなかなか売っていない。

大型中古店の在庫をネットで探したのだが、入荷なしとの表示。

こうなってくると、わたしという人間は執着が止まらなくなる。

つい1ヶ月前までは存在すら知らなかったくせに、今やもう、何年も前から欲していたかのように検索魔になっていた。

探していると、四谷近くに「カメラの極楽堂」というコンタックスカメラ専門店があり、そこで数台販売されていることが分かった。

極楽堂……パンチがありすぎやしないかと思いつつ、念のため電話で在庫を確認し、気がつきゃ車を走らせていた。

お店の前に着くと、これまたかなり趣《おもむき》がある。

「もう何十年もフィルムカメラで撮影してるでやんす」的な人でないと入ってはいけないのではないかと圧倒された。

ただ、ここまで来て帰るわけにはいかない。

勇気を出して店に入ると、カメラ好きのとても素敵なお兄さんが応対してくれた。

聞けばその方も「T2」を使っているとのこと。

フィルムの入れ方や、自動巻きまで、ド素人のわたしに丁寧に教えてくださった。なにかあったら、またここに来ればどうにかなると思わせてくれる、まさに極楽のようなお店。

「カメラの極楽堂」さんには、フィルムは売っていなかったので、帰りに新宿の大型店でフィルムを入手しようとした。


ところがである。

どのお店に行っても、フィルムが在庫切れなのである。

店員さんに聞いても、「入荷未定」としか言われない。

カメラはあるのにフィルムがないという状況に、一瞬フィルムカメラを買ってしまったことを後悔した。

店舗は諦め、少し割高ではあるが、ネットショップでなんとかゲットした。

待ちに待ったフィルムが届き、セットし、早速1枚撮ってみる。

当然のことながら、確認はできない。

24枚撮りだったので、すぐになくなってしまうだろうと思っていたのだが、実際は一枚一枚をとても大切に撮るので、何日もかけて1本のフィルムを使い終えた。

スマホやデジタルカメラだと、撮っては消しを繰り返すのだが、このカメラではそれはできない。

けれどその代わり、より写真を撮る楽しさを味わえるような気がした。

そして、現像するワクワクもまた味わいである。

すぐにインスタグラムにアップはできないけど、その「待つ」という行為自体がとても新鮮に思えた。

デジタルの良さもキープしつつ、また新たな旅のお供ができました。

思っていること

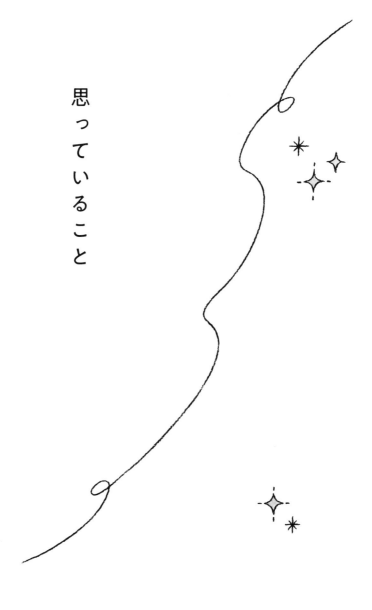

伝言ゲーム

2021・09・29

苦手なものの1つに伝言ゲームがある。

いわゆる遊びのゲームではなく、人づてに話が伝わることで、気がつくと原型をなくすほど話が変わっていることがあるからだ。特に仕事に関しては致命傷を負うこともあるので、なるべく直接話して相手の意見とこちらの考えをすりあわせる作業が大切だと思っている。

わたしはここ数年健康に気を遣うようになり、ありとあらゆるサプリメントを試した。そのなかの一つに「クレイ」といわれる、いわゆる泥のサプリメントがある。文字通り泥だ。見た目もドロッとした泥。それを毎朝スプーン1杯飲み、腸内にこびりついた毒を解毒している。

最初はロケでもないのに、なぜわたしは朝一で泥を飲んでいるのだろうと自分自身に何度も問うたが、日に日にお通じや体調も良くなるので、1ヶ月も経てばヨーグルト気分で毎朝のルーティーンになっていた。泥というワードも強かったので、わたしは至るところで面白おかしく泥ルーティーンを話した。

そしてつい先日、後輩のガンバレルーヤとご飯したときのこと。よっちゃんことよしこがおそるおそるわたしに聞いてきた。

「イモトさんって朝、コーヒーに足拭きマットいれて飲んでるって聞いたんですけど、本当ですか？」

あまりのことに目の前がチカチカした。何がどうなってわたしが足拭きマットを飲んでいるのかナゾを解く必要がある。まず足拭きマット。これは泥～土～珪藻土《けいそうど》～足拭きマット。そしてわたしのもう1つの朝のルーティーンに、コーヒーにバターをいれて飲むバターコーヒーがある。この2つが混ざって、

「イモトさんは朝、コーヒーに足拭きマットをいれて飲んでいるらしい」

という恐ろしい構文ができたのだ。これぞ伝言ゲームの怖さ。

やはり「ほんとう」というのは直接その人に会って話して感じて知るものだと、つくづく感じる今日この頃である……。

今さらインド

2021・11・10

インドには過去おそらく4〜5回行っているのだが、どれもこれも強烈だ。

よくインドに行くと人生観変わるだの、ハマってしまい抜け出せなくなるだのと聞いていたが、そんなことはわたしには全く起こらなかった。

20代前半のおこちゃまな自分には、まだインドは早すぎたのかもしれない。

インドは珍人の宝庫で、

〝首で蛍光灯を50本割りまくる男〟

〝熱さを感じないと赤々と燃えている炭の上を裸足で歩く男〟

など、基本は我慢系のすさまじいメンタルの方々に出会った。

コーディネーターのシンさんも、おそらく世界屈指の仕切りの悪さで有名。

ただシンさんのことは大好きなので言っておきたいのは、たとえ世界一の仕切れるコーディネーターさんであったとしても、おそらくインドでは通用しない。

予定調和や予定通りという言葉はインドには存在しない。

それくらい1分ごとに状況が変わる、臨機応変の国なのだ。

ただ当時はそのあたりを楽しむ余裕はなく、表面上のインドを体験しただけで、お腹いっぱいになっていた気がする。

インドと言えばカレーだが、やはり当時はおこちゃまだったため、あのスパイスというものにどうしても馴染めず、朝からホテルの朝食会場でカレーしかない状況に萎えていた。

数年前から自分でスパイスカレーを作り始めた今となっては、なんともおしい。

もっと味わっておけば……。なんなら南インド料理にも興味を持ち始めているわたしは、あのホテルのスパイスカレー三昧バイキングを欲しているのだ。

そんなことを思いながら印度カリー子さんの本を眺め、日本のスーパーで買えるスパイスを調合している。

そんな、今さらインドのことを懐かしく思い、興味を持ち始めた今日この頃。

行ったら行ったで文句を言ってる気もするが、インドとの第2段階のお付き合いも楽しみにしている。

修正力

2022・02・02

最近、この時代に必要なものって、「修正力」なんじゃないかなって思う。

辞書で調べると、修正とは「不十分な点や不適当な点を改め直す」と出てくる。

おこがましいが、わたしが思う修正力とは、「やっちまったことや起こってしまったこと、失敗や間違いを受け入れ、なかったことにせず、どうにかこうにか、その経験を踏まえ前に進む力」というものだ。


例えば、わたしの中では「お」を書こうとして「あ」を書いてしまった時。

修正テープで消したり、紙ごと替えて一から書き直すのも丁寧で誠実だと思うが、どうにか書いてしまった「あ」を残しつつ「お」にもっていくというのも1つの手で、修正力なんじゃないかなと思う。

「面倒くさいだけだろっ」

と自分自身に突っ込みは入れつつ、やはり一度始まってしまった人生、修正テープはきかないし、タイムスリップするわけにもいかない。

起こったことは受け入れるしかないのだ。


この受け入れるということがどんだけ大事かを、肌で感じたことがあった。

番組のロケで、高さ100メートルの場所で綱渡りをする「ハイライン」にチャレンジをした時のこと。

1歩進むたびにとんでもなく足元が揺れる。

その揺れを感じ、止めようとする自分。

すると、止めようとすればするほど揺れが大きくなり、最終的に落下するのだ。

その時、先生に言われたのが、

「揺れてしまったことを受け入れ、その揺れに身体を委《ゆだ》ねなさい」

最初はそんなことをしたらもっと揺れ、どっちみち落ちてしまうと思ったが、言われた通りにやってみると不思議で、もちろん揺れはするが、だんだんとその揺れと身体が一体化して、気がつきゃ揺れも収まっているのだ。

もちろん先生は「ハイライン」のアドバイスとして言ってくださったが、わたしのなかでは人生の教訓となった。

「無理くり流れに逆らわないように、上手く軌道修正しながら進む」

これは全てに通じると、「ハイライン」を通して悟った気になっている。

よく耳にする、

「訂正してお詫び申し上げます」

訂正という言葉も修正に似てはいるが、わたしの中では「叱る」と「怒る」くらい違う気がしている。

誰かが間違いを起こしてしまった時、

「修正して次に活かします」

と言ってしまえるような世界って、素敵だなって思う。

コロナによって過酷な海外ロケや「ハイライン」をせずとも、予測不可能な毎日をおくる今。

自分の予測に固執せず、起こったことを受け入れ、最適解を考える。

そのためには修正力を身につけて、飄々《ひょうひょう》と生きたいものだ。

ことばリレー

2022・03・30

最近、とある方から、こんな言葉をもらった。

「世の中、物事を考える人は大勢いるが、やるのは1人だ」

ハッとした。

どんだけ頭の中で考え、思っていても、それを実際やってみる人は少なく、やらないことには何も起きず、ただただ時が過ぎるだけなのだ。

とある人は、この言葉を、またとある人からもらったらしい。

そうやってわたしのところまできてくれたこの言葉を、こうやってまた誰かに届くように書いてみた。

良き言葉は、良きタイミングで、リレーのバトンのように渡されていくものなんだぁ、と最近思ったのです。

思い出よりも

2022・04・27

どんなに楽しくキラキラした忘れられないだろう思い出よりも、ほんのちょっとした次の約束があるほうが日常が輝くような気がします。

大好きな人と映画を観に行き、予告編を見ながら、次は何を観ようかという時間。

頼みきれなかったランチメニューをまた食べにこようという時間。

旅行をしながら、次はどこに行こうかと考える時間。

いいんです。

結果、その映画を観られなくても、ランチを食べられなくても、旅行に行けなくても、

「また」って思えることが心の栄養になっている気がする。

思い出よりも次の約束。

というのがわたしの真理なのかもしれない。

だからこそ。
「じゃあまたね」って、たくさん言いたいなぁ、と思うこの季節である。

かっこつけ

2022・07・27

最近、良くない自分がでてきたことがあった。

どんな自分かというと「かっこつけてしまう自分」。


かっこつけると言っても、でっかいサングラスで高級車を乗り回す（イメージが時代錯誤でごめんなさい）といったような見た目のかっこつけではない。

むしろ、見た目をかっこつけて気持ちがよくなるのは、大いに賛成である。

今回、わたしがやってしまったかっこつけるというのは、中身の問題である。

自分が持っているもの以上に、自分を大きく見せようとしたり、出来てないのに出来る風を装ったり、上手くやろうとしてしまうときによく発動する。

お仕事でいうと、よくスタジオで起こりがちなのだが、そういうときは分かっちゃいるけど修正がきかなくなるのだ。

心の中では鈴木雅之さんの「違う、そうじゃない」がエンドレスで流れているのに、止められない。

反省はするのだが、いつもどうにも解決策が見つからず、しょんぼりと家路に就く。

いつか良い方法が見つかるまでは、「今、自分、かっこつけてしまったな」と自分で自分に気づいてあげることだけは、怠らないようにしたいものだ。

そして、ラジオやコラムで、聴いたり読んだりしてもらお。

いいことも悪いことも、誰にも気づかれなくても、自分だけは自分で気づけるように、自らの心の機微に気づけるように、生きたいものです。

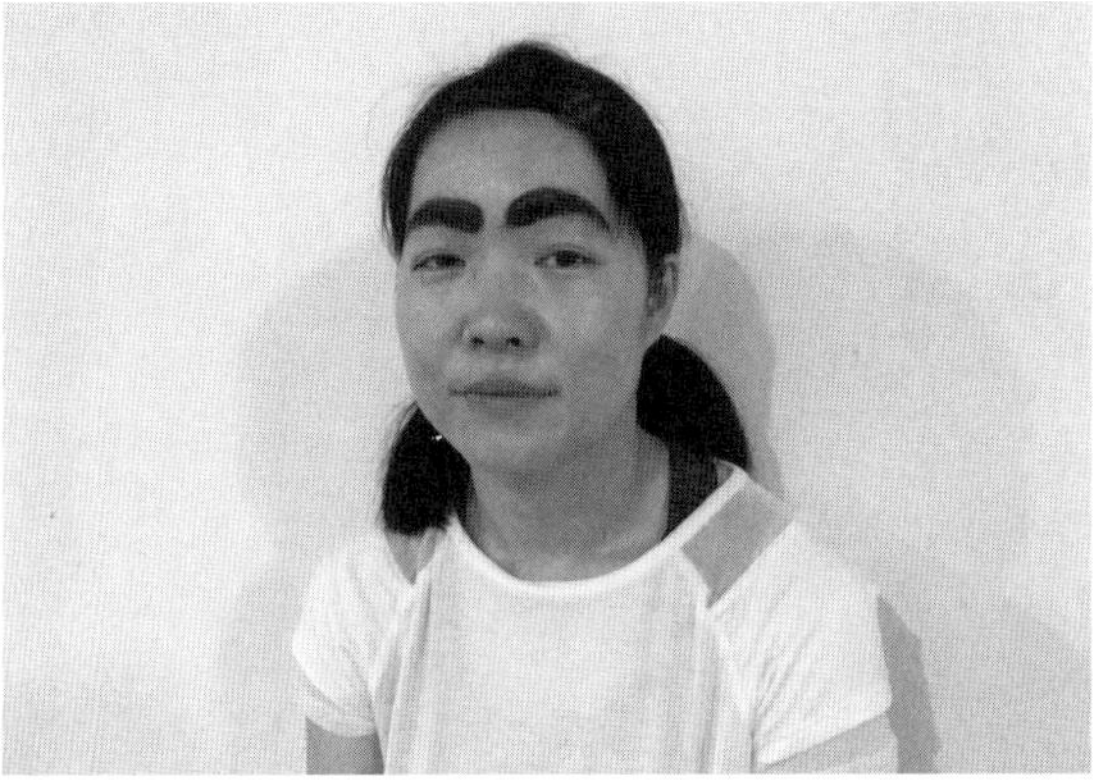

個で考えねば

2022・08・17

最近思う。

苦手な人があらわれたとき。

うまく付き合う方法が見つからないとき。

どうしても、男性だからこうとか、年下だからこうとか、国がどこどこだからこうとか、しょうもないカテゴリーで考えてしまう自分がいた。

いかんいかん。

あくまでもその方個人の言動なり行動であって、それをまとめて見てしまうのは良くない。

もちろん、文化や環境といったバックグラウンドによって、傾向はあるとは思うけど、それは単なるデータにすぎなくて、わたしは目の前の生身の人と接している。

色んな国に行き、色んな人と接して、どこどこの国の人として見るんじゃなく、人それぞれ、ということをあれだけ身をもって感じたのに、最近、危うくカテゴリーで決めつけてしまうところだった。

うん。

個で考えねば、と反省した案件であった。

もやもやの解決法

2022・09・21

日々いろんな場所で、もやっとしたり、憂鬱だなぁと感じることってあると思います。

わたしが思うに、全てが完璧でハッピーという現場などほぼ皆無。

そんなときは、自身のラジオだったり、「よかん日和」のコラムで、面白おかしく昇華しようとか、今度友人に会ったら、面白ネタとして聞いてもらおうとか、色々と試行錯誤はしております。

けれど、それでもどうしようもないときってありません？　って同調を求めてみたり……（笑）。

そんなとき思い出すのが、とある先輩の言葉。

「どんだけしんどくて、きつい、やだなぁと思う現場でも、なにか1つだけ自分にとって良いことや楽しいことを見つけるのよ。

それは、人でも食べ物でもなんでもよくて、今の私にとってのそれは、『大好きな渋谷の百貨店に通える』ということ。

休憩時間にうろうろできる。それだけで、他に不満があってもいいって思う」

と、まるで自分のルールかのように話されていたのを聞いたとき、ハッとした。

確かに、全てが全部ハッピーというのはほぼ不可能だし、そうなると逆にちょっとしたことでもマイナスな部分に目がいきやすくなる。

けど、1個いいことがあればそれで十二分だ、とはなから思えていたら、自分自身とても楽になる。

全部を完璧にしようとして、ヒイヒイしかけたときは、この先輩の言葉を思い出すようにしている。

このコラムを書いている今、なかなかハードなロケに来ているのだが、今回は「美味しい回転寿司が食べられる」といういいことが1個あるから、それで十分なのだ。

言葉の変換

2022・09・28

この前ふと思った。

とある友達が言った、

「今のこのお腹の贅肉がいやだから、そんな身体がゆるせないから、筋トレをする」。

よく耳にする言葉だが、なんだか違和感というか悲しい気持ちになってしまった。

もし、これが、

「いつか引き締まったお腹になるために、そんな自分になりたいから筋トレをする」

だったら、感じ方は違ったのかなぁ。

結果、筋トレし、引き締まった体型になったら、同じじゃないかとも思うのだけれども、
このなんとも言えない違和感は消えない。

悲しいかな、やはり人間はプラスのご褒美より、マイナスの罰の方が原動力としてのエネルギーが高いのか。

自分自身、仕事でよくあるシチュエーションで、

〝このゲームに勝ったら高級旅館〟

よりも、

〝このゲームに負けたらバンジージャンプ〟

の方が、そのゲームに対する頑張り度は高い。

少し極端な例ではあるが、日々の生活でも、

「部屋が散らからないように掃除する」

「人に悪く思われないように愛想良くしよう」

など、マイナスを避けるべく行動していることが多々ある。

けれどちょっとずつでも、

「部屋が綺麗だと気持ちがいいから、掃除する」

「人と気持ちよくコミニケーションをとるために笑顔でいよう」

と、同じ行動でも言葉を変換してみると、もしかしたら、なにか変化があるのかもしれない。

きっと訓練に近いような気もする。

ただ、どんなに訓練しようとも、バンジーだけはプラスのエネルギーで飛べる日がくるとは思えないのだが……。

強かに生きる

2022・10・12

「したたか」って音で聞くと、小ずるい感じで、どちらかというとマイナスなイメージを持つ方が多いと思う。

でも漢字にすると「強か」。

大辞林で調べてみると、

①強くて手ごわいさま。一筋縄ではいかないさま。
②強そうなさま。いかめしいようす。
③しっかりしているさま。確かなさま。
④大げさなさま。はなはだしいさま。

なんだか思っていたのと違った。

わたしは、意味を調べることで「強か」という言葉が好きになった。

そして関連ワードに「強か者」という言葉が出てきた。

調べると、
①こちらの思うようにたやすく扱えない人。一筋縄ではいかない者。手ごわい者。
②力が強く、勇ましい者。剛の者。

格好いいではないか。

昔、とある人にお仕事の相談をしたときに、

「やりたいことがあるなら、強かに進めなさい」

と言われた。

そのときは、ちゃんと意味を調べていなかったので、やはりこの業界というのは、そういう風に生きなきゃいけないのかと思った。

けれど、ようやく今その言葉の意味とその方が言いたかったことがつながった気がした。

強かに生きる。いい言葉だなぁ。

人の取り次ぎ

2022・12・21

わたしは自分の知っている人同士を紹介するとき、ものすごくドキドキするし、どちらかというと苦手である。

先日そのような場面があったのだが、我ながら下手だなぁと感じた。

お仕事の場面であればまだよいのだが、プライベートとなると、どうしてよいか分からなくなる。

その要因を自分なりに考えてみたのだが、おそらく、Aさんに見せている自分の顔とBさんに見せている顔が違うため、その2人が同時にいる時に、どっちの自分でいればよいのか分からなくなるのではないか。

ということは、わたしは人によって感じを変えているということである。

よく裏表がある人とか言うけれど、わたしの場合裏表どころではない。サイコロの面よりきっと多い。

なんなら人それぞれ、その人用に接している顔がある気がする。

だから、昔からわたしは人と会うとき、マンツーマンが好きだ。

多分それは、その方が気を遣うことがないから、思いっきり楽しめるんだろうなと思う。

とはいえ、やはりスマートに人と人を繋げられる大人に憧れはある。

特に、わたしが好きな人同士が繋がるとめっちゃ嬉しいのだ。

ただ、自分自身も経験があるのだが、紹介される前に、

「絶対、合うと思うから。めっちゃいい人だから」

と言われると、それはそれでプレッシャーを感じることもある。

さらっと何気なく、自然に「ご縁だね」と言えるような仲介人に憧れつつ、自分自身は何面もあって良いんじゃないかなぁと思う今日この頃です。

2023全力ダッシュ

2023・01・04

新年最初のコラムということで、ちょいと目標でも綴っておこうかなと思います。

それは、「俊足を取り戻す」。

要は、足が速くなりますように、ということだ。

ん？　なんだか小学生のような目標だが、紛れもなく36歳母の想いだ。

というのも、産後の運動も再開し、徐々にではあるが、基礎体力も戻ってきた。

このまま現状維持というのもあるが、ちょうどお世話になっているトレーナーさんが、瞬発力を鍛えることを勧めてくださった。

確かに、学生時代は陸上部に所属し、短距離選手だったが、ここ数年、全力で走るという行為をしていなかったため、最初はすごく怖かった。

久々に走る運動会のお父さん状態になったらどうしよう。
けれど、とにもかくにも、まずはやってみて現状を知る、受け止める。
これしかない。
思いっきり息を吸って、思いっきり腿をあげ、腕をふり、全力で走った。
スピードは学生時代の半分くらいになっているかもしれない。
けれど、めっちゃ楽しかった。
とんでもなく心臓はバクバクしたけど、それが妙に心地よかった。
マラソンや登山とは違う感覚で、これはたぶん、全力ダッシュでしか味わえない。
そもそも、わたしは、徒競走のオーディションで珍獣ハンターになった。
「世界をまたにかける俊足の女芸人」
この文言がしっくりくるような年にしたいと思う。

脱年齢

2023・03・29

今年の初めに目標として「俊足を取り戻す」と書いたが、もう1つ追加させてほしい。

それが「脱年齢」。

どういうことかというと、少し前に、サッカー日本代表の長友佑都選手がテレビ出演の際に話されていた言葉に衝撃を受けたのだ。

長友選手は37歳。

現役のサッカー選手としてはかなりのベテランで、肉体的にもしんどいんじゃないかとの質問に、

「年齢的に衰えるって脳が思った瞬間に、体がすぐに反応する。思ったら負け」

と答えていた。

すんごいことを聞いてしまったと思った。

まさにこれは、今、自分自身が自問自答していたことであった。

しかも、わたしも長友選手と同じ１９８６年生まれの37歳。

最近、20代とは違うとか、疲れがとれないとか、周りに合わせて言ってしまっていた。

たしかに、そういう言葉を発したり、もう若くないと思ったりすると確実に体が反応している。

ぶっちゃけ、自分としては20代の方が疲れていた気がするし、10年前と同じことだって全然できるのだ。

なのに、自分自身でそう仕向けていたことに、長友選手の言葉を聞いてハッとさせられた。


そして、この話を少し前に、お世話になっている事務所の社長に話してみた。

すると当たり前かのごとく「そうなのよ」とおっしゃった。

正直、それまで何人かにこの話をしたのだが、たいていは、

「いや、けど年齢は関係あるよ」

「実際、自分も老いてきている」

「それは長友選手だから」

という意見が多かった。

しかし、社長は、もはやそんなことは常識くらいの勢いであった。

そして続けて「脱年齢よ」と。めちゃくちゃ響いた。

たしかに、年齢は1つの参考資料であって、そこにとらわれる必要はないのだ。

息子を産んで思ったのは、本当に個人差があるということ。

同じ月齢でも個人によって全然違う。

そして、その人間が成長して大人になっているのだから、そりゃ年齢が一緒だからって、同じくくりにするのは不自然である。

なので、37歳というのはあくまでもデータと割り切り、年齢やカテゴリーにとらわれず、生きたいものだ。

脱年齢、脱カテゴリー。

これが今年のわたしの追加目標である。

ラグジュアリーバス

2023・04・26

先日、番組のロケで、人生初のラグジュアリーバスとやらを体験させてもらった。

巨大な黒塗りの大型バスで、座席はわずか10席ほど。

もはや、バスというよりは、飛行機のファーストクラスのような出で立ちである。

シートは信じられないくらい倒れるが、その広さゆえ、後ろの方に気を遣うことなく、存分に倒せる。

座ると、目の前にはそれぞれにモニターが付いており、飽きることなく、移動を楽しめる。

圧巻なのが、車窓。

全ての景色を見渡せる大きな窓で、その土地の様子を堪能できる。

あまりの豪華さに、初めは緊張して席を倒すことすら躊躇《ちゅうちょ》していたが、人間というのは恐ろしい生き物だ。

海老名サービスエリアに着く頃には、もう何年も前からこのバスで送り迎えされていたかのような馴染み具合。

もはや、このバス以外は身体が受け付けません状態。

完全に、ラグジュアリーバスに慣れてしまったのだ。

人は良いものにはすぐに慣れてしまう。

そしてそれが当たり前になってしまう。

たった1日ではあるが、夕方には、わたしはラグジュアリーバスが当たり前になってしまったのだ。


こうなると大変なのは帰り道である。

帰りは、もちろんいつものロケバス。

今までは何も思わなかったのに、ラグジュアリーバスに慣れてしまったもんだから、ロケバスに乗った瞬間、文句しか出てこなかった。

「座席が狭い」だの「シートが倒れない」だの、止まらない。

けれども、30分後には、自分の中のベストポジションを見つけ、快適にくつろいでいた。

結局のところ、乗れば都なのだ。

秘境のロケや登山で泊まるロッジやテントにも同じことが言える。

最初は、まじか、これは厳しい、無理かもと思うのだが、結果、1日泊まればその環境に慣れる。

大切なのは「順応力」。

そして、ありがたいことに、人間にはその能力が備わっていると思う。

ラグジュアリーバスを体験して、いつものロケバスで帰りながらそんなことを思った一日だった。

プレゼントの見つけ方

2023・05・17

最近思うこと。

誰かのプレゼントを買いに行くとき。

プレゼントを見つけようとして出かけると、なかなかピンとくるものってないのだ。

この前もそうで、友人の誕生日プレゼントを買いに行ったのだが、1軒目では見つからず、次のお店に行ってもまたこれと思うものがない。

もう時間もないから、そろそろ決めなきゃ、と焦ると余計に見つからない。

そしてなぜだか、そんなときに限って、めちゃくちゃ自分が欲しいものに出会ってしまう。

プレゼントを買いに来たのに、気がつきゃ自分が欲しい服や靴を試着しているではないか。

何してんだ、時間もないのだぞ、と言い聞かせれば言い聞かせるほど、自分が欲しいものが浮き上がって、手招きしてくる。

かといって、それはプレゼントしたいものとは違うのだ。

うーむ、どうしたものか。

ただその逆もあって、自分のものを買いに行ったけど、「これ、あの人が好きそうだな」「似合いそうだな」と思うことがある。

けれどもそんなときは、「お誕生日も遠いし、まだかな」と保留にしてしまう。

やはり、思い立ったが吉日。

そのときに買えばいいのだ。

そして、何もお誕生日のときだけのプレゼントでなくても良いのだ。

「あなたに似合いそうなものを見つけたので」なんて言われたら、わたしだったらキュンキュンしてしまう。

そうだ、これからはそうしよう。

日々プレゼントアンテナを張って、出かけたら楽しい。

そんな反省をしつつ、がっつり自分のものを買って帰宅した。

日々のこと

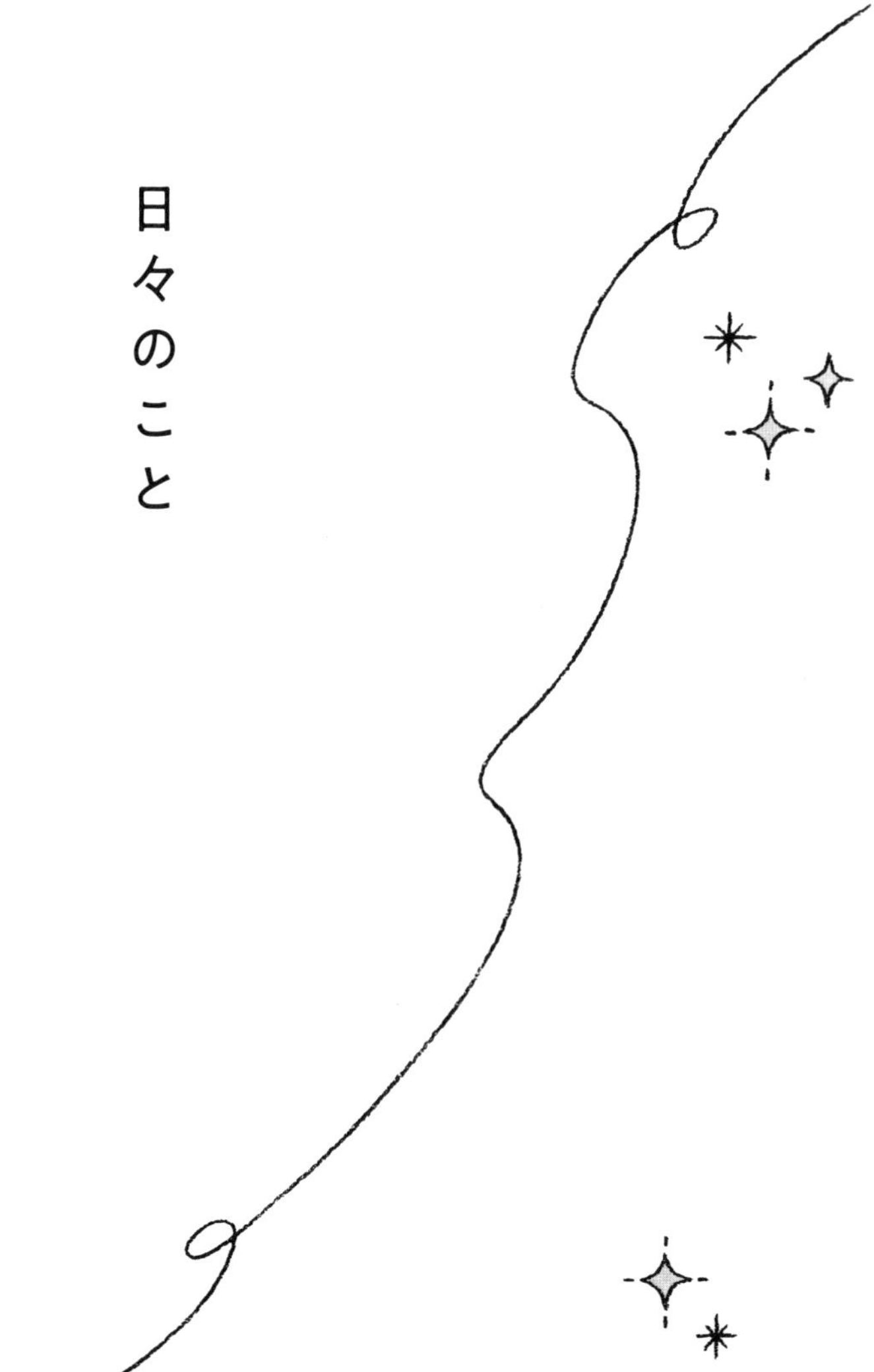

ぼっち飯

2021・09・15

最近地方ロケに行った際に密かに楽しみにしていることがある。それはひとりバラ飯。コロナ対策として、みんなでロケ終わり、ではなく各々でバレて夜ご飯をたべるようになった。もちろんスタッフさんとみんなで、その日のロケをああだこうだ言いながら囲むご飯も楽しい。けれどもともとぼっち飯に全く抵抗のないわたしは、その土地の味を自分のタイミングで堪能できるぼっち飯もたまらなく楽しい。

しかも国内ロケなので海外ロケに比べると移動時間も少なく、日によってはわりかし早めにホテルに到着するのだ。

早めに終わりそうな日はお昼くらいからそわそわし始め、地元のドライバーさんに聞きーのスマホで検索しーの、ニヤニヤが止まらない。

予約したお店に到着し、ひとりカウンターにつく。メニューを眺め、おすすめなどを尋ねる。ほんとうは地酒をちびちびたしなみながら、なんてことに憧れはするが、お酒にめっぽう弱いわたしは、甘いサイダーを酒代わりに郷土料理を頂くのだ。

なんて大人になったのだ。憧れの大人になった自分に酔いしれながら食べるご飯は最高である。気分はまさに「孤独のグルメ」状態で脳内で、松重さん並みにナレーションをつけている自分がいる。ぼっち飯最高。

ただ1つだけ困ることがある。それはたくさん種類をたのめないこと。一度なんてサラダをたのんだらものすごい量で、ほぼサラダのみで腹がいっぱいになった。実は小食のわたしの胃袋を考えると、たのめて3、4品が限界である。なのでいつも以上にメニューは吟味しなければならない。

色んな意味でぼっち飯というのは毎回チャレンジなのだ。その密かな緊張感と闘いに挑む感じがまたたまらない。結果、わたしにとっては何も気にせず何種類もたのめるみんな飯も、お店に入る瞬間から気合いをいれるぼっち飯も、どちらも捨てがたい。

年女

2022・01・05

寅年生まれのわたしは、今年が年女。

小さいときからよくおばあちゃんに、

「絢子《あやこ》は、寅は寅でもごうの寅だから強い」

と言われていた。

なんの意味かも分からず、ただ強いという部分に前向きな印象を持ち、今日の今日まで生きてきた。ふとネットで調べてみると「ごうの寅」ではなく「ごおうの寅」で、漢字にすると「五黄の寅」だそうだ。

九星気学の五黄土星と十二支の寅が重なった年に生まれた人のことを言うらしく、36年周期なため、珍しいとのこと。

ネット情報ではあるが、五黄の寅の特徴として〝帝王の星〟だの、〝他を圧倒するほどのパワーを持ち、とことん突き進む〃だの、とにかく強そうなワードが並べられている。

とても良いことだとご機嫌にスクロールしていると、

「その分、超わがままになるのです」

「気が強くなりすぎるため、この年は女子を産むことを避ける風習さえあります」

なるほど、昔おばあちゃんが「絢子は五黄の寅だから強い」という時に、何かしらのふくみをもたせていたのは、このことだったのか、と合点がいった。

そして、自分でも少し納得がいった。

だからこそ、そういった面もあると自分で認めた上で、年女である今年、気をつけながら生きたいと思う。

ちなみに五黄の寅の有名人の欄に
ウサイン・ボルト
レディー・ガガ
イモトアヤコ
とんでもない羅列の中に入ってしまった。
やはり、おばあちゃんの言う通り、五黄の寅は強い。

人の布団をケチるの巻

2022・02・23

初めての出産に、初めての育児に、大きな不安を感じていたわたし。

周囲のママさんから、

「出産がゴールじゃなく、その後が本当に大変だ。眠れないし、精神的に辛い。誰もそんな事言ってくれなかった」

という切実な声を聞き、産まれたあと、頼れるものには何でも頼りまくろうという気持ちになっていた。

夫も協力的とは言え、仕事があるし、毎日四六時中家にいるわけではない。

そんな初めてのことにあたふた怯《おび》えているわたしを見かねて、鳥取の実家から、母が1ヶ月、妹が最初の1週間ほど、手伝いに来てくれることになった。

コロナ禍の今、本当にありがたい話だ。

そんな久々の共同生活に備え、母と妹の寝具をお値段以上のニトリさんで揃えようと、出産前に夫婦で買い出しに行った。

さすがはニトリさん、お手頃なお値段で、マットレスやら敷布団やらが買える。

そんな中でも夫はかなり高めの布団を指し、「これはどうか?」と言ってきた。

わざわざこんな時期に、東京まで来てくれる母と妹。

良い布団でゆっくり休んでほしいではないか。

そう思っていた。

思ってはいたが、出てきた言葉は、

「いや、そんないいやつじゃなくてもいいんじゃないかな。どうせ1ヶ月だけだし、こっちのでいいよ」

なんてやつだ。我ながら、自分が情けない。

きっと自分の布団なら迷わず、一番高いものを選んでいただろう。

そんな後悔を抱きながら、家路に就いた。

そして後日、その後悔に追い討ちをかける本に出会ってしまったのだ。

小山薫堂《くんどう》さんの『妄想浪費』。

小山薫堂さんが、上質なお金の使い方について書いている本なのだが、あとがきにておっしゃっている。

「欲しいものを欲するがままに買えることは楽しいし、嬉しい。だが、その楽しさや嬉しさは一瞬だ。長続きはしない。一方で、誰かのためにお金を使うと、相手の喜びが長く自分の心を温めてくれる。

つまり、喜びが長続きするような消費を心がけることこそ、幸せなお金の使い方なのだ」

あまりにも、その時の自分にピンポイントに刺さる言葉で震えた。

わたしゃ完全に、自分本位のお金の使い方をしてしまった。

喜びが長続きしないどころか、後悔もしてしまっている。こんなお金の使い方では、幸せになれない。


後日、母と妹が来て、1晩寝て、翌朝言った。

「なんて良い布団なの。電気毛布がなくても、こんなに暖かいんだね」

そんなことを言ってくれる2人に、ケチって買った布団だということは言えやしない。

今年は、喜びが長続きするようなお金の使い方を心がけます。

日曜夜8時

2022・04・06

先日スタジオではあるが、「世界の果てまでイッテQ！」でお仕事に復帰させていただいた。

お休みしている約4ヶ月間。

本当に、番組に助けられた。

今まではいち演者として、珍獣をリポートしたり、ヒマラヤの山々に挑んだり、内側から観る景色だったのが、この4ヶ月はいち視聴者として、外側から観ていた。

そして思ったのは、心の底から笑えてただただ面白い、最高の番組で最高の時間ということだ。

今までは必死に現場で闘ってきて、純粋に番組を楽しむということができていなかったのかもしれない。

もちろん、演者さんや、番組を作っているスタッフさんは、毎回闘いである。

実際、自分自身もそうだった。

けれど、観ている人はこんなにも楽しく、心が穏やかになり、気がつくと元気になっている。

これまで色んな方に、

「いつも元気もらってます」

「日曜夜8時、家族みんなで楽しみにしてます」

という嬉しい言葉をかけてもらった。

本当に本当にそうだ！　と激しく同感である、と今だったら言うだろう。

だからこそ、またロケに行くようになったら、今までとは違う感情で向き合える気がする。

今までブーブー言いながら、山を登ったり、お尻で引きずられたりしていたが、もしかすると、前向きに、あんなことこんなことに挑めるかもしれない。

いや、やっぱりそうなったら、文句ブーブー言いそうだ。

けれど、この心のマイナーチェンジは、何かしらプラスの方向に表現できるんじゃないかと自分自身に期待をしている。

そんな感じで、また頑張りますので、日曜夜8時、宜しくお願い致します。

本気のぬか床

2022・05・04

丁寧な生活に憧れはじめて早数年。丁寧の定番とも言えるのが、マイぬか床。単純なわたしは、すぐさまぬかを買い、きゅうりやカブなどをつけたのだが、当時何週間も家を空けたり、そもそもずぼらな性格があだとなり、気がつきゃ発酵食品であるぬか床が発酵しすぎて大変なことに。

泣く泣く、ごめんなさいということになってしまった。

食べ物とはいえ、ぬか床は一種の生き物のようなもの。

自然食品のお店で、すてきなぬか床とそれを入れるホーローの容器を見るたびに、わたしには向いてないと自分に制御をかけていた。

最近、以前「24時間テレビ」で一緒にキリマンジャロに登頂した早絵《さえ》ちゃんとお母さんが、遊びに来てくれた。

2人は、わたしが憧れている丁寧な暮らしをまんまなさっていた。

家でお餅をついて、小豆を炊いて、ぜんざいを作ったり、パンを焼いたり、日々の生活を自分たちの工夫で楽しく豊かにされている。

なもんで、ごくごく当たり前にマイぬか床ももってらっしゃった。

しかも早絵ママのママから受け継いだぬか。

そこに、出汁昆布などいろんな物を足し、わたしが求めている完全オリジナルのぬか床。

ただ、ぬかは手のかかる生き物。今のわたしには、お世話は無理だと思っていた。

ところがどっこい、早絵ママいわく「タッパーウェア」という最強の容器があると。

それを冷蔵庫に入れておけば、1年放置してもだめにならないと。

最強すぎやしないか。

それならわたしでも出来るかも、と早絵ママ特製のぬか床をわけて頂いたのだ。

そう、晴れてわたくし、2度目のぬか床デビューいたしました。

さっそく漬けてみたきゅうりの美味しいことよ。ご飯と味噌汁とこのぬか漬けがあれば、十分である。

最近一歩進んで二歩下がっていた丁寧に憧れる生活だが、早絵ちゃんとお母さんのおかげで一歩進みました。

『メタモルフォーゼの縁側』

2022・05・25

最近久々に漫画を読んだ。

『メタモルフォーゼの縁側』

女子高校生と老婦人がＢＬ漫画をきっかけに、少しずつ友人になり、年齢とか関係なく好きでつながる友情を描いたお話。

もうね、最高なんです。

やっぱり人が生きていく上で「好き」があるだけで、毎日が楽しくなるし、ワクワクする。

好きなものを好きと言え、その上で同じ好きを分かち合える人がいることは、この上ない幸せだ。

そこに年齢とか、性別とか、職業とか、妻とか、母親とか、関係ない。

同じものが好き。ただそれだけ。何より純粋で尊い関係。
だからこそ、相手に対して気を遣ったり、不安になったり、心がざわざわしたり。
その時はしんどいかもしれないけど、そう感じられることもまたエモい。
そんな2人の関係がとってもうらやましく、ほっこりするのだ。
何かを、誰かを、思いっきり好きになろうと思える作品でした。

ラーメンフェスタ

2022・11・23

言うのがとても恥ずかしいのだが、わたしは勝手に冨永愛さんに憧れている。スタイルや美貌はもちろんのこと、芯のあるストイックな生き方が魅力的で、どうにか冨永愛さんのようになれないかと思案してみた。

当然のことながら、今さら脚の長さは変わらないし、顔の作りも厳しい。ちょうどその頃、彼女の密着番組を見る機会があり、とあるルールにビビビッときた。

「ラーメンは年2回しか食べない」

なぬ。

聞くところによると、ラーメンは大好物なのだが、スタイル維持のためにそう決めているという。

わたしも同じく、ラーメンが大好物。

多いときは、週4で食べていた。

年にすると……もはや計算すらできないほど、食べている。

ただ、ちょうどその頃、わたし自身も食生活を見直していた時期で、すぐさまそのルールを自分に課した。


今や街にラーメンは溢れており、お昼にパパッと1人で食べる時など、必ずやラーメンだったのに、ぐっとこらえる。

特に辛いのは、地方ロケに行った時だ。

そこでしか食べられないご当地ラーメンをスルー。

わたしゃモデルでもないのに、一体どこを目指しているのか。

ご当地ラーメンを食べちまった方が、テレビでエピソードトークができるかもしれないのに。

そんな疑問をなんとか無視しながら過ごしてきたのだが、先日歯止めがきかない事態がやってきた。

駒沢公園で開催されていた「東京ラーメンフェスタ」というものに遭遇したのだ。

実は、今年はもう2回ほど、ラーメンを食べている。

しかし、目の前には、全国の人気店が一堂に集まって、皆が列をなしているではないか。夫と、とりあえず見るだけ見てみようと言い合い、偵察すると、わたしが以前食べて衝撃的に美味かった〝新潟は三条の背脂ラーメン〟があるではないか。

もはや、何の迷いもなくその列の一員となり、秋晴れの空の下、最高の一杯を頂いた。

すると、たがが外れたのか、せっかくだからと気になっていた〝静岡のタカアシガニの出汁ラーメン〟もいただくことに。

こってりの後のさっぱり、最高である。

気がつけば、ルールのことも、冨永愛さんのことも、完全に忘れていた。

おそるべし、ラーメンフェスタ。

「冨永愛さんもここに来ていたら、きっと食べている」と謎の言い聞かせをして、駒沢公園をあとにした。

来年がんばります。

ささくれクイーン

2022・12・14

少し前だがNHK「あさイチ」に呼んでいただいた時の話。

その日のテーマは「ささくれ」。

しかも、ささくれだけで番組の大半を占めるという、攻めた企画である。

そして、何を隠そうわたくし、実はささくれ歴30年のささくれクイーンなのだ。

最初に出演の話をいただいた時は、すさまじいリサーチ力だと思ったのだが、たまたまらしい。

そのすさまじい偶然に感動しつつ、本番をむかえた。

本番中、ささくれの手元をアップで映されるシーンがあった。

結構なささくれ具合というか、手先の荒れ具合に、スタジオの皆さんが心配の声を上げられた。

わたしのささくれは、もはやささくれを卒業し、次の段階に進んでいた。

最初はちょっとしたものなのだが、気になるわたしは常に自ら剝いてしまったり、噛んでしまったりするのだ。

だめだと分かっていても、やめられない。癖になってしまっている。

このコラムを書いている今現在もちょこちょこ剝いてしまい、なんなら血が出ている。

全ては自分のせいなのだ。


「あさイチ」は生放送ということで、番組中に感想などのメールやファックスが届くのだが、わたしの荒れたささくれを見たとある方からの、

「本当に家事を頑張ってらっしゃる手で、主婦の鑑です。好感度あがりました」

というものが、スタジオで読み上げられた。

めっちゃ良い風に受け取ってくださっている。

どうしよう、ただ癖でこんな風になっているなんて言えない。

結果、ただただニヤニヤして、その場をやり過ごした。

番組では、乾燥を防ぐためにハンドクリームを塗ったり、ささくれを切るニッパーの使

い方など、非常にためになる情報を教えていただいたが、わたしはそこまでのレベルに達していない。

まずは、常時弄らないために、絆創膏《ばんそうこう》を指に巻く。

これが、今のわたしにできるささくれ対策である。

嬉しいメールを送ってくださった方のために頑張ります。

心の中に五郎さんを

2023・01・18

この前、久々に知らない街を1人散歩することがあった。

最近は、散歩といっても息子と一緒なので、公園に行って、帰りにスーパーマーケットに寄るというお決まりのコース。

当てもなくふらふらというのは本当に久しぶりだった。

そして、何を隠そう、わたしは、当てもなくふらふらというのがたまらなく大好きなのだ。

効率は一切無視して、極力スマホにも頼らず、気の向くままに、直感のみでお店に入ったりしてみる。

今回のふらふらの舞台は用賀である。

よく名前は聞くが、実際に駅周辺を歩いたことはなかった。

用事を済ませ、意気揚々とふらふら開始。

昔ながらのコインランドリーや、やけにおしゃれな靴修理屋さん。

楽しい、すでに楽しい。

すると、何やら行列を発見。

行ってみると老舗《しにせ》のラーメン屋さんだった。

以前ここでも書いたが、わたしゃ冨永愛さんに憧れて、ラーメンは年2回オンナである。

このときは、まだ2022年。

すでに年2回どころか、3回は食べている。

諦めろと自分に言い聞かせながら、スマホでお店を検索している。

すると、週末の数時間しか開いていないラーメン屋さんらしい。

そのタイミングで店の前にいるなんて、これはもう運命としか思えない。

これはきっと神様からのプレゼントだ、とわけの分からない理由をつけ、その行列の一員となった。

前を見ると、お父さんと8歳くらいの女の子が親子で並んでいた。

そして、その女の子は、なんとあやとりをしているではないか。

ほぼ全員が、スマホで時間を潰している最中、あやとりをして過ごすって、なんて微笑ましいのだ。

その子に感化され、スマホから手を離し、本を読み始めるわたし。

前にかかえるスタイルでリュックを机代わりにして読書をする自分が、なぜかとても大人に感じた。

30分後、ようやくカウンターに座り、塩ラーメンをすする。

最高である。


よく「1人で散歩したり、ご飯食べるのって寂しくないですか?」と言われることがある。

そんなときは、心の中に五郎さんを住まわせるのだ。

五郎さんとは、「孤独のグルメ」の井之頭五郎さん。ドラマでは、松重豊さんが演じられているあの五郎さんだ。

散歩中もお店で注文するときもいつも、五郎さんならぬ絢子さんが脳内でナレーションをつけてくれる。

1人が苦手な方、一度、心の中に各々の五郎さんを住まわせてみてほしい。

きっと、1人ふらふらが、たまらなく楽しくなると思う。

原宿パワー

2023・01・25

年末年始、数年ぶりに妹と姪っ子達が東京に遊びに来た。

わたしには1個下の妹が1人いて、姪っ子たちは上から中学2年生、小学6年生、小学4年生の3姉妹である。

実際、自分が息子を産んで、子育てをする中で、3人産み育てている妹を本当に尊敬する。

今でこそ皆ある程度大きくなったので、自分のことはもちろん、お手伝いなどもできる。

ただ、思いかえせば、妹が初めて3人を連れて東京に遊びに来た時、姪っ子達は、4歳、2歳、0歳で、今のわたしには、連れて出かけることは考えられない年齢だった。

よくぞ東京まで来て、東京ディズニーランドに行ったものだ。

わたしゃ夫と2人で、息子を連れて鳥取に帰るだけでもヒイヒイだったのにである。

そんな小さかった姪っ子達も、もう立派なティーン。

上2人はスマホを持ち、インスタグラムをやっている。

それこそ昔は、東京で行く場所といえば、「東京ディズニーランド」「横浜アンパンマンこどもミュージアム」「サンリオピューロランド」だったのが、今回東京で行きたいところをリサーチすると、

「絶対に原宿に行きたい」

という強い希望を言われた。

そして、食べ物屋さんから、洋服屋さん、雑貨屋さんなどのリストが送られてきた。

めっちゃ楽しみにしているではないか。


正直30歳を超えると、東京に住めど、なかなか原宿に行く機会がない。

ましてや、竹下通りなど10年近く行っていない。

かわいい姪っ子達のために、年末の混みあっている原宿竹下通りにいざ出向いた。

久々の竹下通りはだいぶ印象が変わっていて、チーズドッグやトッポギ、カラフルな綿あめ、いちご飴に行列ができ、クレープ一強ではなくなっていた。

姪っ子達のお目当てのいちご飴の列に並び、5粒で750円という値段と、そのいちご飴をすぐさまインスタのストーリーズにアップする姪っ子達にカルチャーショックを受けつつ、竹下通りを散策した。

お目当ての食べ物、洋服屋さんで買い物し、満足げな姪っ子達。

そんな3人を見ていると、なんだか昔の自分を思い出した。

やはり、わたしにとっても東京旅行といえば、原宿竹下通りだった。

当時のわたしは、東京の最先端といえば原宿と強く思い、鳥取から憧れ続けた。

原宿には、そんなまっすぐなティーン達の思いが溢れている気がした。

だからなのか、エネルギーもすさまじい。

わたしもそんなティーンに刺激され、一緒にチーズドッグを食べたのだが、ものの数分で胃もたれし、自分がアラフォーであることを思い知った。

正月早々

2023・02・01

無事に年も明け、迎えた元日。

さすがにこの日はどこもお店がやっていないので、夫と息子も一緒に、みんなで公園に遊びに行った。

大晦日に放送していた「逃走中」に影響され、夫とわたしがハンターで追いかけまくるというミニ逃走中ごっこをやったり、バドミントンをやったりと楽しく過ごしていた。

ところがバドミントンが1セットしかないため、一番下の姪っ子だけが遊べない状況になってしまった。

そこで夫が考えたのが、地面に円を描き、その円めがけてバドミントンの羽根を打つというゲーム。

一番最初にできた人がジュースをもらえるというご褒美付き企画である。

3人とも「いぇーい」と叫び、ゲームを始めた。
しかし、これがなかなか難しく、開始15分でようやく、2番目の姪っ子が成功。
そして、立て続けに上の姪っ子も成功。
残すは一番年下の姪っ子である。
問題はここからであった。

打っても打っても、全然円に入らない。
だんだんと姪っ子も集中力が切れ、投げやりになってきた。
そして、自分だけ入っていないという焦りと悔しさで、ついには泣き出してしまった。
焦る夫とわたし。
しかし、母親である妹は違った。
「そんなんじゃ入んないよ！」「気持ち切り替えていこう！」とゲキを飛ばしている。
普段、スポーツ少年団でバレーボールチームに入っている姪っ子。
そして、いつも練習に付き合っている妹。
そのスイッチが入ったのか、夫が始めたわけの分からないゲームに熱血指導が入る。
もはや何のためにやっているのかも分からなくなり、その場にいる全員が、どうか入ってくれと願うばかりだった。

しかし、段々と風も強くなり、50センチ離れたところから打っても入らない状況に。

姪っ子の何度目かの「もうやりたくない」で終わることにした。


正月早々に、わけの分からないゲームで悔し涙を流した姪っ子。

姪っ子としては最悪だったかもしれないけど、わたしは少しうらやましくもあった。

悔しくて泣くって、大人になるとなかなかない。

そして、悔しくて泣いた経験がある人って、間違いなく強くなれる人だと思う。

本業であるバレーボールで、この経験がどうか活かせますようにと強く願う伯母である。

妹よ、、、

2023・02・08

年末年始に東京に遊びに来た妹と姪っ子達。

年始にちょうど妹のお誕生日があったので、花柄のかわいらしいショルダーバッグを準備しておいた。

加えて、洋服の断捨離をして、着なくなったものも妹にあげようと、プレゼントと一緒に段ボールにまとめておいた。

これが、とある悲劇を招いたのである。

妹に「着なくなった洋服あるから、後で選んでね」と言い残し、トイレに行き、帰ってきたところ、すでに段ボールが開けられ、洋服も各々が選び終わっていた。

わたしとしては、妹にあげるつもりだったのだが、身長もほぼ変わらない姪っ子達は、意気揚々と試着し、「これ私のー」とほとんどのものを確保していた。

するとと妹が、「もうほとんど子供達に取られたー。私なんて、このババ臭い変なかばんしか残ってないんだけど」と誕生日プレゼントを指差し、言い放った。


なんということでしょう。


「ババ臭い変なかばん」というカウンターパンチをくらいながらも、なんとか立ち上がり、息も絶え絶えに、

「そ、それ、わたしが買った誕生日プレゼントなんですけどー」

とできる限りの明るいトーンで言った。

すると、4人が腹を抱えて、のたうち回るくらい笑い始めた。

「痛い痛い痛い、お腹痛い」

いや、こちらは胸が痛いよ、と思いながら、新年早々、初笑いができて良かった、とどうにかこうにか思い込んだ。

はたして、「ババ臭い変なかばん」を妹は使ってくれるのだろうか。

それが、今一番気になります。

手作り味噌

2023・02・22

丁寧に憧れるわたしはこれまで、土鍋でご飯を炊いたり、竹かごで買い物に行ったり、ぬか床に手を出したり、色々と試みてきたのだが、ついに丁寧の極みに行き着いた。

それが手作り味噌。


前々から、とてつもなく興味はあったのだ。

今回、森三中の村上さんに誘って頂き、菌カウンセラーの清水みのり先生の味噌作り教室に参加できることになった。

3日前から納豆は食べない、など万全の状態で挑んだ。

まず、今回使う材料の説明があり、お味噌とは一体どんなものでできているのかを恥ずかしながらはじめて知った。

今回使用したのは、玄米麴、大豆、塩、この3つのみ。

ド素人のわたしは、このシンプルな材料で味噌ができるということにまず感動した。

ありがたいことに、教室では、「大豆を10時間水にひたし、煮て潰す」という一番手間のかかる作業まですでに完了したものが準備されており、わたしは混ぜたり、味噌玉を作ったり、粘土のように均《なら》したりと楽しい作業しかしない。

そして、昨今言われている腸活。

わたしも自己流ながら、ぬか床や納豆を食べたりと発酵食品を取り入れているが、その究極がおそらくマイ味噌ではないか。

自分の手にある常在菌を入れた味噌、これがその人に一番合うらしい。

そして作ったことがある方が言うには、味も格別らしい。

その人らしさが出て、同じ材料で作っても味が違うというのだ。

面白すぎる。


発酵食品大好きな皆さん。

はじめは評判の良い味噌を色々試していたが、やはり行き着く所はマイ味噌。

丁寧に味噌を均し、空気が入らないようにラップをして完成した味噌の赤ちゃん。

食べられるようになるのは今年の９月。

それまで弄らず、涼しいところに保管しておくのだ。

きっとわたしのことだ。

その頃には、すっかり忘れてしまっている気がする。

もしも、その頃になっても全く味噌のコラムを更新しなかったら、どうか教えてください。

漢字が苦手

2023・03・01

いつの頃からだろうか。漢字を書くのが苦手になってきた。

たいていのものはデジタルでやりとりするため、書くということ自体がまあ減った。

デジタルで打つにしても、1文字打てば変換機能で候補が出てくるので、もはや打ってすらない。

なので、ふだんのやりとりには全く困らないのだが、唯一書くシチュエーションというのがサインを求められたときである。

そうなのです。

一応わたしは芸能人でありまして、ロケ先などでサインを書く機会がまあまあある。

この間もロケで北海道に行ったとき、ランチで入ったお寿司屋さんでサインを頼まれた。

「港寿司でお願いします」

うむ。絶対に書ける。大丈夫だと自分に言い聞かせ、ペンを勢いよく走らせた。

すると、港のさんずいを書いたところで、ペンの出が悪くかすれた。

ペンを替えて頂き、もう一度続きを書こうとしたのだが、なぜだか急に分からなくなり、焦ったわたしは、しゃしゃしゃしゃと達筆風に書こうとしたのだが、明らかに横棒を多く書いてしまったのだ。

やばいと思いながら、修正を試みたがもう手遅れ。

一応寿司まで書いてはみたが、どうにもこうにもならず……。

結果、もう1枚書かせてもらうことになった。

それがトラウマとなり、次に行った「浜田旅館」さんでは名刺を頂き、穴があくほど凝視して書いた。

どれも小学校で習う簡単な漢字。情けなかった。

いっそのこと、全てひらがなでもいいんじゃないかと思ったが、それはそれで余計なプライドが邪魔する。

このロケから帰ったあとからは、とりあえず意識的にメモをなるべく漢字でとっている。

他に、もしなにか良き方法があれば、ぜひとも教えて頂きたいものである。

断食失敗

2023・04・12

最近、とてつもなく興味があること。

それは断食である。今風にいうとファスティング。

たまたま知り合いの方が経験者で、どれだけ体にも精神的にも素晴らしいかを熱弁された。

影響されやすいわたしはもうやる気満々。

あたかも自分がやったかのように友人にもすすめたりした。

そうやって興味を持っているといろんな所から情報が入ってくる。

別の友人は、東洋医学の先生から聞いたものを教えてくれた。

とにかく体が不調なときは、何も食べないのが一番の治療とのこと。

胃腸を休ませる、体をリセットする。

これを定期的にするのがおすすめらしい。

しかもその先生曰く、1日でも全然違うという。

1日！

これはナイスな情報。

わたしが聞いていたファスティングは5日間のもので、その間は酵素ドリンクで栄養をとり、終わって6日目も回復食など、なんならやる前の準備食も入れると5日間以上かかるらしい。

宿便が出たり、持病が治ったりという効果があるらしいのだが、なかなか一歩が踏み出せなかった。

しかし、1日となるともう楽勝である。

前日の夜はしっかり食べ、朝、昼、夜を抜き、次の日の朝は食べられるのだ。

普段から朝は食べないことが多く、多少お腹は空くかもだが、水や番茶をたくさん飲めばよいのだ。

意気揚々と今日だ！　と、とあるお休みの日にすることにした。

朝からたっぷり水分をとり、気が紛れるように、息子と公園にお出かけをした。

わたしは食べなくとも息子は3食がっつり食べる。

若干、胃が刺激されつつも、なんとかしのいでいた。

夕方に帰宅し、後は夕飯だけ我慢すれば完璧と思っていた。

テレビをつけると夕方のニュース。

何の気なしに見ていると、下町で愛されるお店特集が始まった。

その時点で消せば良かったのだが、1日断食中のわたしは釘付けに。

画面からあふれ出るシズル感に、気がつきゃ、スマホでウーバーイーツの画面をひらいているではないか。

見るだけのはずが、数十秒後には注文完了していた。

しかもケンタッキー。

せめてもっとヘルシーなものをと思ったが、いつも以上に油であげたものを欲していた。


はい、そうです。

まさかの断食失敗です。しかもたった1日なのに。

自分の我慢できなさに情けなくなった。

誰に言っているわけでもない、勝手にやっただけのこと。

ただものすごい罪悪感と誰かに見られている感があるのだ。

数分後、友人からＬＩＮＥがきた。

「今、ウーバー頼んだよね。まさかの旦那が配達することになりました」

そんな奇跡的なことが起こるのだと感動しつつ、やっぱりどこかで誰かしらに見られているのだなと反省しつつ、最高に美味いケンタッキーをいただきました。

これに懲りず、また断食に挑戦したいと思っています。

3年ぶりの海外ロケ

2023・05・24

先日、久しぶりに海外ロケに行ってきた。

本当に本当に、久しぶりの海外であった。

どれくらい久しぶりかというと、最後に行ったのが2020年3月のコートジボワール。

それから世の中はコロナ禍になり、海外なんて一生行けないのではという空気が漂っていた。

そして、わたし自身も出産と子育てというある種の冒険を体験し、なかなか海外ロケからは遠のいていた。

なもので今回、3年ぶりである。

3年海外に行かないなんて至って普通だろうと思う方も多いと思うが、ひと月に2回海外ロケに行っていたわたしにとっては、それはとんでもない年月なのである。

以前は、たとえアフリカだろうと、アマゾンであろうと、行けと言われれば、当日だろうとポンと飛行機に乗れる身体になっていた。

スーツケースには常備の荷物が入っており、クローゼットも衣替えなどすることなく、年中季節感なく生きていた。

それが3年という年月があくと、1ヶ月前からなんだかそわそわしているではないか。行く場所の気候を調べ、何度も荷物を確認し、初めて海外に行くような感覚であった。

もちろん年月以外にも、この3年間で母親になり、その状態で海外ロケに行くという不安もあると思う。

持っていくものリストに1つ、「覚悟」という荷物がふえた。

そして久々というのは恐ろしいもので、まさかのパスポートの期限が切れてしまっていたのだ。

あわてて戸籍謄本を用意し、新たにパスポートを発給してもらい、事なきを得たのだが、出発前からこのようにてんやわんやだった。

行き先は15年ぶりのエジプトである。

エジプトロケ

2023・05・31

久しぶりの海外ロケ。
舞台は北アフリカ、エジプトである。
エジプトは16年前に一度来ているので、今回で2回目だ。
成田からドバイまで12時間。
ドバイで5時間のトランジット。
ドバイから4時間飛行機に乗って、ようやくエジプトに到着である。

久しぶりの海外でまず感じたのは、匂いである。
あの何とも言えない異国の匂い。
空港に降り立った瞬間に、一気にエジプトに来たということを身体が感じる。

それは悠長にゆったり「ここがエジプトかぁ」などと感じるものではなく、容赦なくたたき込まれるのだ。

独特な匂い、やる気のない風に見える税関、隙あらば追い抜こうとしてくる人々、荷物を勝手に運びお金を要求してくる人。

すべてが、日本人からしたら強烈なのだ。

若干、寝ぼけていたわたしだが、エジプトにたたき起こされ、気がつけば、勝手に荷物を運ぼうとする人や客引きのドライバーに「NO！」と叫んでいた。

ようやく空港の喧噪《けんそう》を抜け、車に乗り、目的のロケーションまでたどりつく頃には、もはやヘトヘトになっていた。

ただ、恐ろしいことに、そのとき時間は朝10時。

ここから一日が始まるのだ。

飛行機で寝たとは言え、全くもって疲れはとれていない。

なんならさっきの喧噪で、どっと疲れがたまった。

ロケ現場までの道中、海外ではよくあるガソリンスタンド内のコンビニで、干からびたサラダを買い、それを食べながら、エジプトに来たことを実感した。

そして「これこれ、これだ、わたしの海外ロケは」と、なんだか急激に懐かしくなってきた。


クルー全員、時差ぼけで、干からびたサラダを食べ、カメラを回すのだ。

そして、演者のわたしは、それにカメラの前で文句を言う。

この感じなのである。

結果として、ワクワクしている自分がいる。

そして、どんなに時差ぼけでも、疲れていても、見るとそんなものは吹っ飛ぶピラミッド。

そこにしかないもの、そこに行かないと見られないものがエジプトにはある。

それは、本当に美しく、自然とはまた違う壮大さがある。

今回のエジプトロケで一番好きな景色が、ホテルの屋上から見えるギザの三大ピラミッドである。

そこに沈む夕日は格別であった。

良いも悪いもごちゃ混ぜのそういう混沌とした感情を体験できるのが、海外ロケの醍醐《だいご》味《み》なのかと今回改めて気づかされたのである。

ロマンの香り

2023・06・07

今回一番の見所は、4300年前の石棺を開封するというロケである。考古学大国らしい、なんともロマンが詰まったネタである。

4300年前というギャグのような数字と石棺という聞き慣れない言葉に、わたしははじめ、ことの重大さにピンときていなかった。

そもそもわたし自身、考古学マニアというわけではなく、ピラミッド、クフ王の墓、ツタンカーメン、クレオパトラ、という誰しもが思いつくであろうエジプトにまつわるワードしか出てこない平々凡々の人間である。

そんなわたしだが、話を聞けば聞くほど、それがどれだけすごいことなのか実感がわいてきた。

石棺というのは、石でできた棺《ひつぎ》のことである。

そして、その石棺は、4300年間一度も開けられていないであろうという。

4300年前といったら、日本でいうと縄文時代。神武天皇が誕生するはるかはるか以前のこと。

その石棺を何個も何個も、時代を超えて開封するのだ。

一体、中はどうなっているのか、どなたか、何かが存在しているのか。

気がつきゃ、わたしゃめちゃめちゃ興奮していた。

信じられないほどのにわか人間ではあるが、なんのご縁か、この一世一代の開封に立ち会える奇跡。

わたしが唯一できることは、この奇跡や事実をテレビを通してリポートする。

これのみだ。


石棺の開封当日。

この方なくして石棺は開封できないというザヒ博士と合流し、いざ現場へ。

まるで映画のセットのような竪穴《たてあな》に繋がる道を博士と進んでいく。

脳内では、「インディ・ジョーンズ」が流れていた。

積まれた石をどかしながら竪穴を進んでいくと、石棺が埋葬された空間にたどり着いた。

扉を開けるときに、ザヒ博士が「イモト、これが4300年前の空気だ。嗅いでみろ」。

その空気は、とてもひんやりしており、何とも言えない実家の蔵のような、はたまたおばあちゃん家の押し入れのような、いや本当に喩えようのない4300年が詰まった匂いがした。

3年ぶりの今回のロケの準備で、久しぶりに海外用のスーツケースを開けたときも何とも言えない3年間が詰まった匂いがした。

ただ、今いる場所はそれどころではない。

4300年分が詰まっているのだ。

もはや、良い香りとか臭いとか、そういった次元の話ではない。

歴史そのものの香りなのだ。

そんな貴重なロマンが詰まった空気、わたしは思いっきり吸い込んだ。

その後、石棺は丁寧に開封され、中には4300年前に埋葬されたミイラがいらっしゃった。

こんな貴重な興奮する経験はなかなかできるものではない。

帰国後、このお話を自身のラジオでも興奮気味に話したのだが、収録後、ディレクターさんが、

「ちなみに、ツタンカーメンの開封に関わった方は、皆、謎の死をとげていますよ（どうのこうの……）」

わたしゃ絶句した。

なんて情報をくれたのだ、と嘆くわたしのあまりの焦りように、みんなしきりに、

「都市伝説みたいなもんですから」

「今何もないなら大丈夫です」

と何の根拠もない励ましをはじめた。

1ヶ月以上も前のことだし、今回はれっきとした研究目的で開封させてもらった。

大丈夫大丈夫と自分に言い聞かせつつ。

ミイラさん、勝手に開けてしまい申し訳ありません。どうかどうか、何事もありませぬように。

さくらももこ展

2023・06・14

先日、そごう美術館で開催された「さくらももこ展」に行ってきた。

わたしは小さいときからちびまる子ちゃんの大ファンで、毎週欠かさずアニメを見ていた。

エピソードがあまりにも自分と被ることが多くて、親近感どころか、実はわたしはまる子なんじゃないかと密かに思っていた。

毛糸のパンツで体重測定をすることになるお話や、学校で大便をもよおし我慢する話など、きっと日本各地の小学生が、まる子にただならぬ共感を覚えたであろう。

小学校も高学年になると、ちびまる子ちゃんを描いているのは「さくらももこ」さんということを理解し、アニメや漫画の他にも、エッセイというものを書いていることを知った。

人生ではじめてエッセイというものにふれたのが、さくらももこさんの『もものかんづめ』であった。

当時、学校の朝の会で、10分間自分の好きな本を読む時間があった。

わたしは『もものかんづめ』を読んでいたのだが、読んだことを後悔するくらい、吹き出しそうになっては堪《こら》えるのが、朝のルーティーンになっていた。

今まで、文章を読んで笑うなんてことがなかったわたしは衝撃を受けた。

日常のなんてことのない話も、さくら先生のシニカルな目線が入ると、爆発的に面白くなるのだ。

そして、密かに憧れた。

今回の「さくらももこ展」はもう、さくら先生の魅力をぎゅーーーーっとした濃すぎる空間であった。

入ってすぐ、さくら先生が自宅のテーブルで、少しうつむき加減で作業されている写真を見た。

その瞬間、なぜか涙があふれてきた。

すんごく温かい時間が流れており、さくら先生に抱擁されたかのような気分であった。

さくら先生には、作家だったり、母だったり、さまざまな役割があって、その経験の全てを「さくらももこ」に還元しているかのように思えた。

それは、意図的に還元しようということではなく、そのときそのとき素直に自分の直感を信じて、愛と思いやりをもって生き抜かれた結果なのだろうな。

わたし的には、とんでもないパワースポットだった。

そして、とんでもない量のお土産グッズを爆買いし、会場を後にしたのだが、足に異常な違和感を覚えた。

見ると、とんでもない靴擦れを起こしていた。

気合いを入れて、おニューの革のサンダルを履いていたのだ。

もはや、脱ぎ捨てたいくらい痛い。

駐車場までの道のりが永遠に感じられた。

このサンダルは、多分二度と履かない気がしている……。

けれどすごいのは、「さくらももこ展」に居る間、痛みは一切感じなかったこと。

おそるべしパワー。

人間ドック

2023・07・05

気がつけば37歳。

今年の目標に「脱年齢」と掲げたものの、やはり自分の健康はとても気になる。

20代のときは他人ごとであった「人間ドック」というワードも、ここ数年でなじみ深くなっている。

年に1回、自ら予約をし、前夜から食事を抜き、朝から病院へと向かうのだ。

20代では、どこか痛くなったり、体調が悪くなってから、ようやく重い腰を上げて向かった病院に、どこも痛くもかゆくもないのに自ら行くなんて、わたしも立派な大人になったのだと実感するのである。

人間ドックでは、体重・身長の測定といったものから、採血をしてもらったり、胃カメラで内部を診てもらうなど、お昼まで分刻みのスケジュールで動く。

人間ドック自体もなかなかおっくうではあるが、その中でもわたしが憂鬱なのが、前夜の食事と当日の朝である。

20時以降の食事が禁止されているのと、朝もお水だけという決まりがあるからだ。

検査前なので当たり前のことなのだが、「食べてはいけない」と言われると、なぜか逆にめちゃ食べたくなるのだ。

子供と一緒に18時台に夕飯を済ませるので、いつも通りでいいわけだが、だめと言われると、22時くらいに、無性になにか食べたくなってしまう。

このコラムにも書いたが、以前に断食を失敗したように、わたしは「禁止」にすこぶる弱いみたいだ。

とはいえ、検査なので我慢するのだが、布団に入ってもお腹が空いている気がして、眠れない。

わたし史上もっともしょうもない不眠である。

ただ、そんなわたしに、人間ドック終わりにご褒美が待っている。

なんなら、30%くらいは、これを楽しみに検査をしているような気がする。

それは、検査が終わったあと、病院から出される食事である。

もうね、これが本当に美味しい。

もちろん、空腹という最高のスパイスもあるが、食事自体が美味しく、普通にお弁当として販売してくれないかなといつも思う。

デザートまでペロリと平らげ、軽やかな足取りで病院を後にした。

後日送られてきた検査結果は「異常なし」。

うん、来年もまた、あの弁当を食べに人間ドックに行こうと思う。

子育てのこと

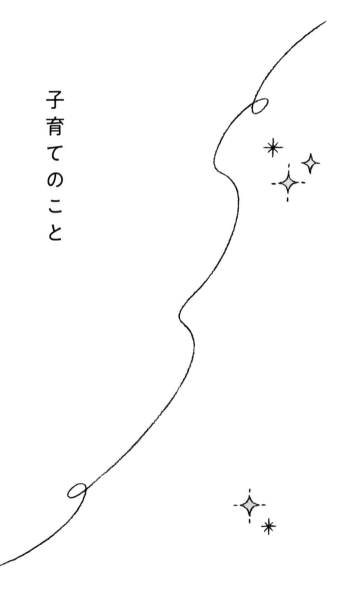

人生最重量

2021・11・24

この文章を書いている現在、わたしは妊娠後期の9ヶ月。

お腹もかなり大きくなり、人生最重量を更新し続ける毎日である。


ここ数年のわたしは食生活を見直し、グルテンフリーにバターコーヒーに酵素玄米などなど、身体に良いものを取りいれていた。

しかし突如襲ってきた悪阻《つわり》という現象により、それまでの食生活が一変したのだ。

朝から晩まで気持ち悪く、酵素玄米など想像しただけで勘弁してくれという気分になり、全く受け付けない。

ただ何か栄養をとった方がよい。

何でもいいから食べられるものを食べた方が良いと考えた結果、数年我慢していた、マックのポテトを食べまくった。

焼きそばパンを食べまくった。

サーティワンアイスクリームを食べまくった。

仕方がない、なぜなら悪阻だから、と自分と夫に言い聞かせ、なぜか夫も、しょうがないから俺も付き合うと言い出し、夫婦で食べまくった。


ありがたいことに悪阻は1ヶ月半で終わり、これで元の食生活に戻ったとさ、めでたしめでたし、とはいかない。

今も絶賛、それらのものを食べている。もはや習慣になりつつある。

なぜだろう、全然気持ち悪くもないのに、ポテト欲もパン欲もアイス欲も止まらない。

身体がジャンキーを覚えてしまったのだ。

その代償は、しっかり体重というごまかしようのない数字に表れる。毎回健診のたびに、持ってる洋服のなかで一番軽く薄い肌着のようなものを纏い、体重計にのっている。

そんなしょうもない努力はむなしく、着々と予想以上の数字をたたき出している。

わたしの通っている病院は自己申告のため、リトルイモトが、

「少しさば読んじゃえ」

と悪魔のささやきを提案してくるが、まだそこまでは至ってない。

いや、それをしてしまったらおしまいだ。健診の意味すらなくなってくる。

なんとか微増で出産までいけたらと祈りながら、晩ご飯のことを考える日々であります。

ないものねだり

2022・02・09

息子が産まれて1ヶ月。

生活が一変した。本当に一変した。

妊娠期間もさまざまな変化にびっくりしたが、それを遥かに上回る変化に、どうにかこうにかついていくのがやっとである。

一番は、とにかく睡眠不足である。

正直これを書いている今も、気を抜くとキーボードの文字が2重に見えてくる。誤字脱字万歳だ。

2〜3時間おきに、ミルクとあやすをエンドレスで繰り返すため、まとまって寝るということが不可能なのである。

できることなら、たくさん眠りたい。

つくづく、人ってないものねだりをするものだと思う。

というのも産まれる前、とくに妊娠後期は夜眠れないのが悩みだった。

寝苦しく、寝てもすぐに目が覚める。

夜が長く感じ、早く朝になれと思っていた。

それが今じゃ、いつ何時どこでも寝られる。

数ヶ月前の悩みがどれほど贅沢なものだったか、身にしみている。


ということは、今のこの状況もいつかは、あのときは良かったと言える日がくるのか。

今の息子は今しかないわけで、日に日に成長を感じられるその姿にほっこりしつつ、思うことはただひとつ。

「眠たい……」

息子よ、すまん。

宝もの

2022・03・02

最近は、ずっと息子と家にいるので、どうしても息子ネタが多くなってしまう。

これを書いている現在、２ヶ月の息子は、手の中に、とあるものを隠して、大事そうに持っている。

わたしがそれをとろうとすると、赤ちゃんとは思えない力で、何が何でも渡すかと、よりぎゅっと握るのだ。

寝る時も、ミルクを飲んでいる時も、片時もはなさない。

息子がそれほど大事に隠し持っているもの。

それは、埃である。


ええ、あの埃。

まだ「誇り」は持てないが、「埃」は握って、はなさない。

もちろん、科学的には意思なく持っているので、毎晩お風呂で洗うのだが、なぜか次の日には、どこで見つけてきたのか、しっかり握っている。

ここまでくると、意思を持って、埃を大事にしているように思えてくる。

息子のはじめての宝ものとも言える。

これから、物でも人でも出会いでも、たくさんの宝ものと出会うであろう。

けれど、きみの最初の宝ものは「埃」だったんだよ、といつか伝えたら、きっと怒られるであろう。

今は「埃」を持って、頑張って生きているが、いつの日か「誇り」を持って、生きてほしいと思うお母さんです。

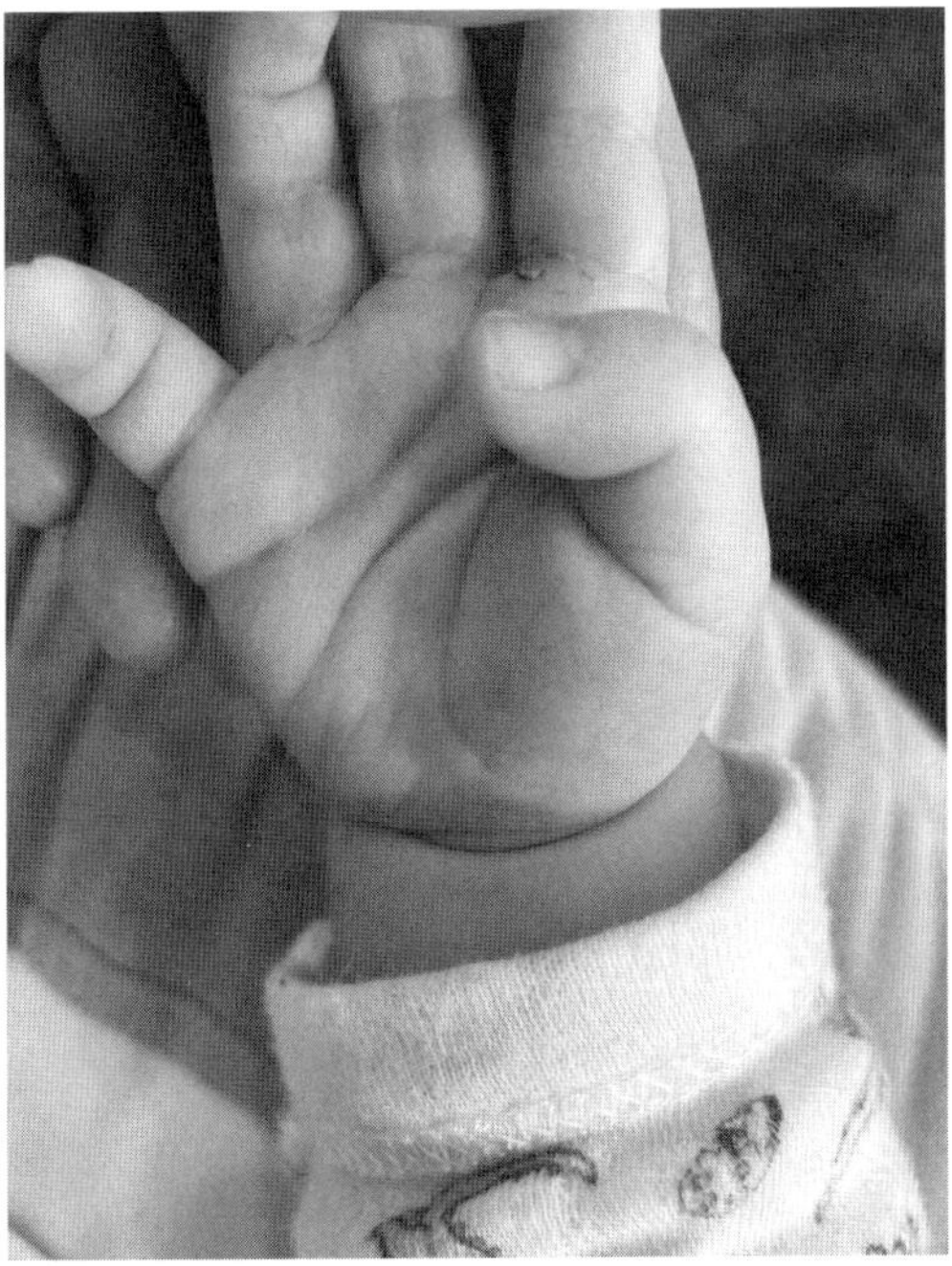

丁寧にとか言ってられなくなってきた

2022・03・16

数年前から心掛けている丁寧な生活。

実際できているかどうかはさておき、「よかん日和」のテーマにもなっていたり、アップした動画のタイトルも「丁寧な暮らしに憧れてるズボラなわたしの暮らし」と丁寧祭りであった。あった……がしかし。


息子が産まれて数ヶ月。

こんなことを言うのは、御法度《ごはっと》かもしれないが。

丁寧がどうのこうのとか、言ってられなくなってきた。

布類は煮沸《しゃふつ》して、箒でお掃除して、旬のもので料理をして、生花を飾りなど、楽しみながらやっていたのも、今は昔。

できる限り、文明の力に頼り、手を抜きまくっている。

そんな生活の味方が、レトルト食品である。

以前はなぜか丁寧とは正反対だと思い込み、あまり使っていなかったのだが、今や最高の相棒である。

中でも気に入っているのが、「にしき食品」さんのカレー。

テレビ番組「カンブリア宮殿」を見て一気に虜に。

すぐさま、お取り寄せをして、堪能した。その味はレトルトとは思えないほど繊細で、さまざまなスパイスを感じられるのだ。

「NISHIKIYA KITCHEN」のサイトを見ると、そこに素敵な言葉があったので、抜粋させていただくと、

「『手抜き』ではなく、『カンタン』にすること。
それこそがわたしたちの使命です。」
「そして『カンタン』で生まれた時間で
大切な人との大切な時間をお過ごしください。」

どうしても、レトルトというと「手抜き」なイメージになってしまうが、この「NISHIKIYA KITCHEN」のカレーは、そう思わせない味がある。

それだけ、たくさんの人の手が関わっているからであろう。

息子が静かに寝ている間に、超特急で口に頬張りながら食べるご飯時。「手抜き」と意識してしまうと、どうにも気分がよくないのだが、「カンタン」と変換するだけで、お腹も心も満足できるのだ。

そんなふうに思わせてくれて、ありがとう。

レトルト万歳。落ち着いたら自分なりの丁寧、再開します。

母子手帳

2022・03・23

息子を産んで、最初の1ヶ月。

鳥取から母がお手伝いにきてくれた。

その時、会ってすぐ渡されたのが、母が使っていた36年前の母子手帳だ。

相当年季の入ったもので、歴史を感じ、思いを馳せ、なぜだか泣きそうになった。

きっと、出産直後のマタニティーブルーのせいだ。

母が来て早々、号泣するのも恥ずかしいので、どうにかこうにか耐えた。

心が落ち着いたころに読むと、そこには母の手書きで、わたしが産まれてからの記録が綴ってあった。

4月11日　はじめておんぶをする

5月1日〜じゃがいも少し食べた
8月　産まれてはじめての美容院にいく
　パンをよく食べる
10月　寝返りがやっとできるようになる
　ババババとしきりに声をだす

自分が思い出せる最初の記憶は3、4歳くらいからなので、それまでの自分自身がどうだったか、この母子手帳を読んではじめて知る。
わたしは一切覚えてないが、文章から母の苦労も伝わってくる。

1歳6ヶ月　叱ると物にあたりなげつける
　思い通りにならないと大声で泣く
　甘えが目立ち嘘泣きをする
2歳　わがままで自分の思うようにならないと泣く。妹をいじめてばかり。
結構、わたしゃ良いお姉ちゃんと思っていたが、勘違いみたいだ。

そして、しきりに綴ってある、

「耳をかまわないと眠れない」。

これは、まさかの36歳になった今も続いている。なぜか、眠くなると耳をさわる癖があるのだが、赤子のときから続いていたなんて驚きである。


母子手帳を読みながら、当時の母も今のわたしと同じように悩み、不安を感じながら今に至るのだなぁ、と今の息子と当時のわたしの成長記録を見比べる。

なんとなくの平均はあっても、正解も不正解もないわけなので、自分のペースでやっていくしかないのだと改めて感じた。

そして、いつの日か、息子が大きくなり、父になる日がきたら、かっこよく母子手帳を渡す母になりたいもんだ。

断捨離が得意なわたしではあるが、そのときまで、しっかり記録し、大事に大事にしようと思います。

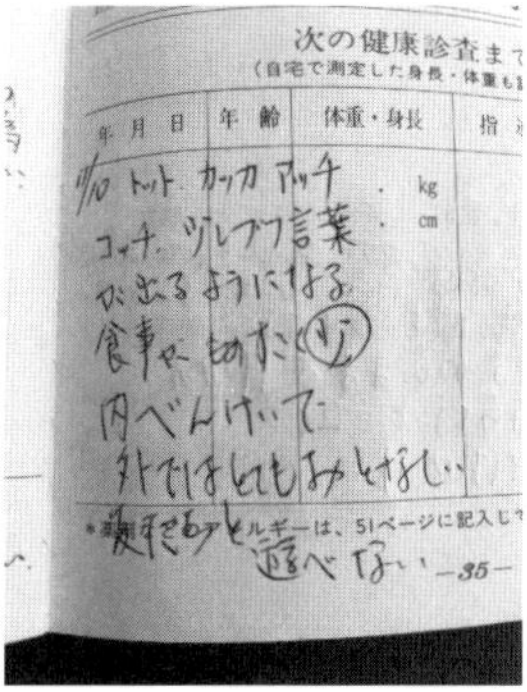

当たり前

2022・04・13

この数ヶ月は、ほぼお家で息子と過ごし、毎日の成長にニヤニヤしたり、大量のうんちにあたふたしたり、笑顔を写真におさめようと、ひたすらジャングルポケット斉藤さんの「はぁーい」を連呼してみたり、一日があっとゆーまであった。

そんな日常を過ごしながら現れたのは、とにかく大人と喋りたい願望である。

今までそんなことは、思ったことがない。

逆を言うと、大人と喋るということ自体が当たり前の日常で、なんならそれがわたしのお仕事でもあった。

だから、そんな願望が自分の中にあるのかという驚きで、たまに友人が遊びにきてくれたりすると、ほぼノンストップで喋るという現象。聞く力はどこへやら……。

人によって、その時の状況によって、時代によって、国によって、「当たり前」は当たり前じゃなくなる。

1人でいるのが平気という当たり前。

海外ロケに行くという当たり前。

平和という当たり前。

自分の環境の変化やウクライナのニュースによって、「当たり前」ってなんだろな？　なんだろな？　なんだろな？　と悶々とすることもあるが、とにかく自分の「当たり前」を人に押しつけるのはやめようと思うのである。

戻ってきた物欲

2022・06・01

産後1~2ヶ月は、もうこの先当分、おしゃれしたいとか、美味しいものを作って食べたいとか、新たな家電がほしいとか思わないんだろうなと思っていた。それほどわたしはいっぱいいっぱいで、Amazonの履歴も子供用品でいっぱいになっていた。

それが最近少しずつではあるが、息子も寝るようになり、1人でゴロゴロする時間も増え、たくさん笑うようになり、心のゆとりができたのか、物欲が戻ってきた。

一生パジャマで過ごすかと思ったほどだったのが、見た目重視の洋服を買ったり、出前と電子レンジにめちゃめちゃ助けてもらった期間もあったが、最近はたまには土鍋で炊いてみるか、と改めて土鍋ご飯の美味しさを感じ、テンションあがって新たな土鍋を買ったり……。

なかでも、極めつけは車である。

7年前に購入したミニクーパーは大のお気に入りで、大切に乗ってきた。

ところが、最近チャイルドシートをつけたり、ベビーカーを載せたりしていると、荷物があまり積めないことに不便を感じるようになった。

そこで、いわゆる子育てに適したワゴンタイプの車種を探し始めた。

調べれば調べるほど、本当に便利で機能的で荷物もたくさん積める。

そう思っていた矢先だった。

たまたま道ですれ違った超絶タイプの車。

今まで見かけたことのないもので、メーカーや車種が分からない。

家に帰り調べると、それは「光岡《みつおか》自動車」というものだった。

察しの良い方はお気づきかもしれないが……。

そうです、光岡自動車を購入しました。しかもセダンタイプ。

もはや、子育てに適した、はどこへやら。

完全に見た目のかわいさで選びました。

ただ、言い訳がましいかもしれないが、ベビーカーは余裕で入ります。今よりは荷物積めます。

そんなことを昔からわたしをよく知る後輩の中村涼子に話したら、一言、

「おかえりなさい」。

わたしも一言、

「ただいま」。

趣味、寝返り

2022・06・15

息子が産まれて、早5ヶ月。
彼には、1つできることが増えた。
寝返りだ。
数週間ほど前から、体を横にそり、返りたがっていた。
もう起きている時は、毎日、ストイックに返ろうとする。
今まではミルクと睡眠が頭の中をほぼ占めていたが、今はミルクを忘れてしまうほど、
寝返りしたいに占領されている。
たまに思い出したかのように、
「はっ。俺ミルクだった」
とギャン泣きする。

そんな息子を見ていると、なんてシンプルに生きているんだろうと思う。
これから成長するごとに、色んなことができて、色んな複雑な感情が増えてくるのだと思う。
そんな時は、どうか今の、
眠たい
ミルク飲みたい
寝ても覚めても寝返りしたい
この究極にシンプルな生き方を思い出してほしいと思う。

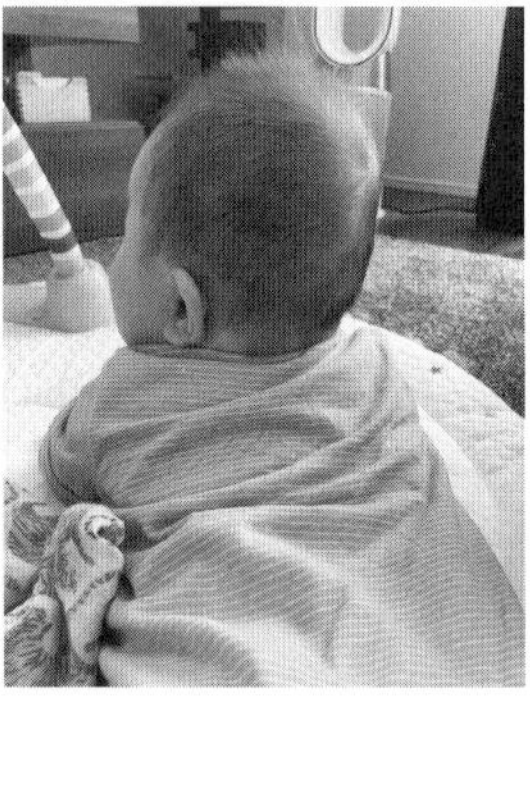

空飛ぶマダム

2022・06・29

この前、息子を連れて、はじめての帰省をした。
実家が鳥取のため、帰省する時は飛行機なのだが、なんせ息子にとっては初飛行機で、
乗る前から心配事がつきなかった。
うまく耳抜きができなかったら……。
機内でギャン泣きしたら……。
うんちをしてしまったらどこでおむつを替えようか……。
朝、寝坊したらどうしよう……。
最後に至っては、息子は関係ないか。

1人で乗る時は国内線などコンビニ感覚のわたしが、息子を連れてということで、入念

にベビールームの場所を調べ、2時間ほど前には羽田空港に着いていた。

そのおかげで無事に飛行機には乗れたものの、問題はここからだ。

席に座り、抱っこをしていたのだが、案の定、だんだんと暴れだしてきた。

用意していたおもちゃを出そうとしていると、なぜか急に息子がピタッととまり、何かに釘付けになっている。

その視線の先に目をやると、通路を挟んだ1つ後ろの席のマダムが、笑顔と変顔を繰り返しているではないか。

その様子に、にっこにこの息子。

用意していたおもちゃの出番がないほどに、そのマダムのフェイスショーに夢中のご様子。

約40分にも及ぶフェイスショーは、息子の爆睡とともに幕を閉じた。

もう本当に本当に助かった。

心からそのマダムに感謝だ。

飛行機を降り、マダムにお礼を言うと、

「本当に癒やされた1時間でした。こちらこそありがとうございました」

なんて素敵な方だこと。

海外ロケで飛行機に乗る時、隣に赤ちゃんがいると、どうしよう寝れるかなぁ、と自分の心配ばかりしていた我を恥じた。

空飛ぶマダムのおかげで、息子の初飛行機は楽しいものになりました。

改めて、あの時のマダム、ありがとうございました。

抗う母

2022・08・24

妊娠・出産で、しばらく運動というものから遠ざかっていたが、最近またちょこちょこ再開している。

というのも、妊娠・出産で計17キロほど増加してしまった体重。

はじめは悪阻で、食べられるものなら何でも食べようとジャンキーなものを食べまくり、悪阻が終わってもそれは続き、生んだ後もそれは続き、もうたがが外れてしまったのだ。

あれだけ食事に気をつけ、週1でジムに通い鍛えていた貯金は、カジノで一瞬でなくなるかのごとく、消え去っていた。

恐ろしいのは、それでもまだ、自分では大丈夫と思っていることだ。まあなんとかなるか、と能天気に「食べログ」を検索しながら過ごしていたのだが、ついに身体からSOSがきた。

なんと、絶対に自分には起こらないと思っていた膝の痛みというやつに襲われたのだ。

布団から起き上がるたび、階段を降りるたび、息子をあやすたび、「膝が痛い」を連呼している。

しかも自分で分かる。

これは骨でも、筋肉的な痛みでもない。

完全に重みによるものだ。


これにより目を覚ましたわたしは、少し食事の内容を変えたのだが、それだけで膝の痛みはどこかへ飛んでいった。

しかも、体調も良くなった。

これで気をよくした私は、1年半ぶりにジムにも行ってみた。

結果、汗を流す気持ちよさを思い出した。

なかなか以前のように頻繁にジム通いもできないので、お家でなかやまきんに君のユーチューブを見ては、筋肉痛を楽しんでいる。

妊娠中や出産直後は、運動するとか食事に気を遣うとか、全く考えられなかった。

これからどういう自分になりたいかは、そのときの自分がどう思うかでよいと思っていた。

鍛えたいならそうすればいいし、鍛えたくないと思えばそれでよい。

そして、自分が今どうしたいかを問うたところ、鍛えたいと素直に思った。

なるべくなら、自分が好きな自分でいたいなぁ。

というわけで、もう少しだけ抗ってみようとする今日この頃。

なにか、隙間時間で筋肉痛を楽しめるような運動があれば、ぜひ教えてください。

魚よりチャック

2022・11・09

早いもので息子も10ヶ月。

すくすくと育っており、気がつきゃ20歩ほど歩いていました。

20歩って完全に歩いている。

慌ててファーストシューズを買いにいき、サイズをはかってもらうと12・5センチ。

0・5センチ上をおすすめしますと言われたが、ファーストシューズの最大が13センチらしく、すでにギリギリである。

そんな超絶すくすく育っている息子とこの前、初めての水族館に行ってきた。

色んな方から、水族館は喜ぶよ、という情報を聞き、どんな反応をするのだろうとわたしと夫は楽しみにしてきた。

いざ水族館に到着すると、こぢんまりではあるが、水槽にはキラキラした魚やアザラシなどの大型の動物、ライトアップされたクラゲなど多種多様な生物がいる。見所満載である。

食いつくだろうな、と期待たっぷりで息子を見ると、まさかの自分が乗っているベビーカーの紐に釘付けである。

目の前にこんなにも見所があるのに、いつも見ている、いつでも見られる紐に、異様に食いついているではないか。

そこで、ベビーカーに乗っているから見えにくいのかな、と考えたわたしは、抱っこして少し水槽に近づいてみた。

今度こそと息子を見ると、まさかのわたしの服のチャックに夢中になっている。

水槽のトンネルのど真ん中で、一心不乱にチャックを弄る息子を見て、そうだよな、みんながみんな、好きなもの、興味があるものが一緒ではないし、それを好きでなければならないということもないもんなぁ、となんだか教えてもらった気がした。

紐とチャックブームを経て、この先何に興味をもって好きになっていくのか今はまだ分からないけど、色んな場所や人や文化と触れあい、刺激というものを浴びて、すくすく成長してくれることを願います。

女の子好き

2022・11・30

最近歩けるようになり、相変わらずすくすく育っている息子であるが、母として1つ心配ごとがある。

それは、とにもかくにも、女の子が大好きということ。

先日も児童館で同い年くらいの女の子に近づき、キスをしそうになったり、公園で少し年上の女の子を追いかけ、それまで4、5歩しか歩いていなかったのに、いきなり36歩という記録をたたき出したりと、彼にとって、とんでもないモチベーションになっているのだ。

そんな様子を見て、ふと思い出したことがある。

まだ産まれる前に、夫と名前を考えていた時のこと。

色々悩んだすえ、候補の名前が決まり、一応字画も見ておこうとネットではあるが調べたところ、往々にして良かったのだが、1つだけ気になる部分があった。

「異性スキャンダルに注意」

10ヶ月にして早くも的中しそうな予感に、少々おびえ気味の母なのです。

金魚展

2022・12・07

以前息子と水族館に行ったときは、全く魚には見向きもせず、ひたすらわたしの洋服のチャックをイジイジしていた。

そもそも魚に興味がないのか、まだ早すぎたのか、人が多くて集中できなかったのか。

さまざまな要因があると思うが、しばし水族館はやめようかなと思っていた。

ところが、いつも息子のお世話をしてくださっている友人の母が、今、銀座で金魚の展覧会をしているので、息子に見せてあげたいとのこと。

しかも、その方が相当な金魚好きということで、3人で金魚展に参戦することになった。

今回はどうかなぁ、興味をもってくれるかなぁ、と少し不安な気持ちで足を踏み入れたのだが、入った瞬間、息子がどうのこうのの前に、わたし自身がズキューンと心を持っていかれた。

まず、想像していた金魚ではなかった。

わたしの中の金魚といえば、夏祭りですくって、袋に入れて持って帰り、慌てて水槽を出して入れ、観賞するあの感じであった。

しかし、目の前の金魚は、薄暗い会場でライトアップされ、筒型、滝のような壁型の水槽の中で泳いでいる、もはやアートなのだ。

金魚の種類もとんでもなく多く、尾びれを長くなびかせているものや、おでこが大きいものなど、見たことのない金魚たちが、ショーを繰り広げている。

こんなに進化していたとは、知らなかった。

一旦、息子を忘れ、金魚の世界を満喫した。

しかも、隣には金魚博士もいるのだ。

一緒に行ったその方は、さすが金魚好き。

全ての種類の名前を説明してくれ、「この色を出すには餌やりから計算して育てるんや」といったことを解説してくれる。

他のお客さんもその見事な解説に聞き入っていた。

そんなこんなで、母的には大満足の金魚展だったのだが、肝心の息子である。

ふと息子を見ると。

めちゃめちゃ食いついているではないか。

しっかりと目で金魚を追って、自分なりに楽しんでいる。

こうやってちょっとずつサイズを大きくしていって、イルカやアザラシ、最終的にはジンベエザメと一緒に泳げるくらいまでいけたら良いな、と妄想する帰り道でした。

お正月に夫の実家に遊びに行ったときのお話

2023・02・15

最近、息子のお散歩をするときに気になること。

頭がとにかく寒そう。

またバリカンでクリクリ坊主に散髪したのも相まって、たくさん着込んでも頭が心配なのである。

しかし、帽子自体は持っていても、被せると異常に嫌がり、自分で取ってしまうのだ。

お散歩に行こうとすると、お義母《かあ》さんが、

「ちょっと待って、これ被っていきなさい」

と黒のアディダスのニット帽を渡してきた。

なんだか年季の入った感じの帽子である
これどうしたんですか？　と聞くと、「史郎（夫）が小学生の時、被っていたものなの」。

夫は44歳。

かれこれ30年以上前のものである。

それを今の今まで保管していることに驚いた。


石崎家はとにかく物持ちがいい。

30年以上前の浮き輪やボール、80代のお父さんの高校の時の通信簿まで、きちんと残っているのだ。

それでいて、家は綺麗にスッキリ片付いている。

一体、どこにそんな沢山のものが眠っているのだろうか。

家の綺麗さを見るに、もはや四次元ポケットがあるとしか思えない。

謎は深まるばかりだが、物持ちの良さと物を大切に使い切るところは、とても尊敬している。


残念ながら、息子は夫が昔被っていたそのニット帽も被せた瞬間投げ捨てたが、なぜか今では見ないアディダスのロゴの雰囲気に魅了され、わたしがもらうことになった。

30年以上前、小学生の夫が被っていたニット帽を、今わたしが被っている。

息子の食欲

2023・03・08

息子は1歳を過ぎ、相変わらずすくすくと育っている。

離乳食も後期から完了期というものになり、薄味ではあるが、大人と同じようなものも食べられるようになってきた。

そして、量もとんでもないことになってきたのである。

朝昼晩、がっつり食べーの、デザートも毎食がっつり食べる。

特にバナナが大好きで、ご飯のあとに1本ペロッと食す。

バナナを見せると、もう椅子から転げ落ちるんじゃないかと思うほど興奮する。

もはや意識高い系女子以上の量を無意識に食べている。

もちろん、たくさん食べてくれるのはこちらとしても作りがいがあるし、いいことなのだが、1つ困っていることがある。

それは、食事が終わると分かると泣き叫ぶこと。

この世の終わりみたいに泣く。

1日3回、しっかりこの世の終わりを体現してくれる。

どう考えても、足りないわきゃない。

今、「いただきます」と「ごちそうさまでした」の練習をしているのだが、「いただきます」はすんなりできるのに、「ごちそうさまでした」は、すんごい力で抵抗してくるのだ。

おそるべし1歳児。

今は2合炊きの土鍋を使っているのだが、そろそろ買い換えた方がいいかもと思っている。

リベンジ水族館

2023・04・05

以前、息子と水族館に行ったときは、魚よりわたしの服のチャックに興味津々で、そのときは水族館を満喫できなかった。

しかし、最近は散歩していると、同じく散歩しているわんこに異常に興奮したりと、動物に興味を持つようになってきた。

今なら水族館も楽しめるのではと思い、息子と2人で行ってみることに。

行き先は、わたしがやっているラジオのリスナーさんからおすすめしてもらった、川崎水族館・通称カワスイ。

川崎駅横のビルにある水族館で、イルカショーなどはないが、小さい子連れには回りやすいとの前評判だった。

実際行ってみると、もう最高すぎた。

何がいいってその展示の仕方。

足元まである水槽が多く、息子のような1歳児でも間近で魚を見ることができるのだ。

そして世界中の魚がエリアごとに分けられている。

特に南米とアフリカの生き物が多い印象だった。

ブラジルでも、アマゾンにパンタナール、まさかのレンソイスというラインナップ。

こういうとき、自分でも良くないなと思うのが、「ここ行った」「これ見たことある」と心の中でマウントをとってしまうのだ。

そして懐かしむ。

そんな母を尻目に、息子は早々にベビーカーとさよならして、自由に水槽を楽しんでいた。

とくにお気に召したのは、アマゾンエリアのピラルクという世界最大の淡水魚。

さすがである。

ピラルクが泳ぐのを自分も行ったり来たりと追いかけて、楽しんでいた。

その日のコンディションや空いている午前に行ったというのもあると思うが、だんだんと息子の好奇心の半径が広がっているのが嬉しかった。

1年前は手を見て一日過ごしていたのが、今は数十メートル先にまで広がっている。

いつかは地球の裏側くらいまで広がっていって、実際にアマゾンでピラルクを釣り上げているかもしれない。

それでも母は、「わたしも釣ったことあるし」とマウントをとっているかもしれない。

関節が痛い

2023・04・19

産後1年が経ち、徐々に身体のなまりもなくなり、身体も心も動ける自分になってきた。ところが1つだけ、油断をすると悲鳴をあげる箇所がある。

関節である。

特に手首。

今まで手首の痛みなど感じたことはなかったのだが、産後10日目にして腱鞘《けんしょう》炎になったのだ。

聞くと、あるあるらしく、赤ちゃんの頭を支えるので酷使するのと、ホルモンのバランスもあるそうだ。

頭を支えるのは想像できるが、ホルモンで腱鞘炎って……。

おそるべしホルモン。

そのホルモンの影響なのか、いまだにたまに手首が異常に痛むときがある。

もはや息子の頭を支えることはなくなり、どちらかというと12キロを持ち上げるときに腰をいわすんじゃないかと思うが、痛くなるのは手首。

しかもこれがずっと続くのであれば、病院でも行こうかなとなるのだが。

たいていは、2日もすればピタッと治まる。

なので、日頃は問題ないのだが、その2日間はもう地獄である。

よくいう「箸すら持てない」のだ。

トイレに行き、ズボンを下ろそうとするのだが、それすらしんどい。

日常生活にバリバリ支障が出ている。

手を使う1つの動作のたびに「おおおおおおー」と叫ぶのだ。

息子など抱こうものなら、涙がちょちょぎれる。

そして、どれだけ小範囲の痛みだとしても、それがあるだけで心が塞ぎ込んでしまうのだ。

何もやる気が起こらず、単純なわたしは希望すら消えかかってしまう。

かなり大げさかもしれないが、この関節痛のおかげで、身体がどこも痛くないという幸せを感じることができた。

逆に言ったら、ちょっとの痛みで、人は身体だけではなく、精神的にも参ってしまうのだ。

なので、単純なわたしが考えたのは、心を先に鍛えるのではなく、身体を先に鍛えること。

そうすると自然と心も鍛えられるのではないか。

ただ、今の所、手首専用の鍛え方が分かりません。

どなたかご存じの方がいたら、教えてください。

慣らし保育

2023・05・10

新生活が始まる季節。

息子も4月から、保育園という新たな場所に通い出した。

もちろん息子にとっても初めての経験だが、わたしにとっても初めてづくし。

まず、慣らし保育という聞き慣れない言葉に出会った。

ゆくゆくはある程度長い時間預けるのだが、最初からいきなりは厳しいということで、
まずは、2時間を数日。その次は、お昼ご飯まで。そして、少しお昼寝して……と徐々に
慣らしながら、新たな生活、場所、人に溶け込んで行くための準備期間なのである。

そりゃそうだ。

まだ地球に来て1年。

日々の生活でさえ、初めてだらけ。

そんな中、いきなり保育園とは、ある意味別の惑星に行くようなものなのかもしれない。

初めて2時間預ける日。

案の定、先生に預けた瞬間にぎゃーと泣いたが、心を鬼にしてとんでもないスピードで消えた。

2時間後にお迎えに行くと、少し遠目から息子の様子をうかがえた。

幼児用カートの中で指をしゃぶりながら「別に俺は平気ですけど」みたいな顔をして、たたずんでいた。

彼なりに、必死に、ひっそり頑張っているその姿がなんとも言えず、胸が締め付けられた。

わたしに気がつくと、先ほどまでのフフフーンな感じはどこへやら。

何語か分からない言葉で、めっちゃ怒ってきた。

おそらく「俺をひとりにして、おまえはどこ行ってたんだよ」的な感情じゃないかと勝手に解釈した。

そして、先生から園での様子を聞き、いっぱいいっぱい頑張ったんだな、と思いっきりぎゅっとした。

数日経て、お昼ご飯が始まった初日。
慣れない保育園での食事、ちゃんと食べられるか心配であった。
お迎えに行くと、先生から「ご飯もしっかり食べ、おかわりされました」。
こちらの心配をよそに、がっつりおかわりしていた。
すごいぞ、息子よ。
そして、この息子のおかわりで、ある言葉を思い出した。
「泣きながらご飯食べたことある人は、生きていけます」
大好きなドラマ「カルテット」での台詞。
これを息子で言い換えてみると、
「慣らし保育でご飯おかわりできた子は、生きていけます」
楽しい園生活が送れますように。

特別対談＊OKUDAIRA BASEさんと

2023・09・28

イモト　最近お引越しされたんですよね。

奥平　イモトさんに遊びに来ていただいてから、３ヶ月後に引っ越しました。前の家から30分しか離れていない場所に。

イモト　あの辺りが好きなんですね。

奥平　いいところですよ。今回の対談相手にご指名いただいて、飛び上がるほど嬉しかったです！　イモトさん、最近古着やフリーマーケットにハマっていらっしゃるでしょ。僕も大好きなので、その話をしたいなあと思っていたところだったんです。

イモト　嬉しいこと言ってくれる。古着の話はコラボユーチューブのほうでじっくりと。

奥平　前回のコラボのとき（２０２２年5月）もイモトさんのほうから声をかけていただ

きましたよね。そもそもいつ頃、僕のユーチューブチャンネルを知ってくださったんですか？

イモト　コロナのちょっと前から自炊を始めたのがきっかけで。20代の頃は月の半分くらい海外に行っていたので、外食やお弁当で食事を済ませることが多かったんですが、歳を重ねて自炊したほうが身体が整うなと感じ始めて。ユーチューブで料理動画を見あさっている中で、奥平さんの動画が出てきたんです。当時まだ25歳で、都内の1Kのアパートに住んでいらした。

奥平　5年くらい前ですね。そんな初期から見てくださっていたとは！

イモト　25歳の男の子が、こんな生活するかね!?　って、びっくりしてました。土鍋でご飯炊いたり、鰹節と昆布で出汁とったり。25歳の男の子が、出汁とるかね!?

奥平　ハッハッハッハ。

イモト　奥平さんがよく通っていた、三鷹の「だいどこ道具ツチキリ」さんにも行きました。あと真似したのは、手作りポテトチップスと、クラフトコーラ作りと……。

奥平　嬉しいです。

イモト　奥平さんの動画は見ていて心地いいんです。高級住宅に住んでいるわけじゃないし、使っているものも高いものではないんだけど、工夫さえすれば、こんなに素敵で心が満たされる生活ができるんだ、と思わせてくれる。

奥平　無料ですもんね、暮らしは。例えばボーリングに行ったり、遊園地に行ったりするのはお金がかかるけど、家で楽しむのはタダで、いくらでもできる。

イモト　そう！　25歳でそれに気づいていたとは、恐ろしいよ。奥平さんが「丁寧に暮らす」ことに目覚めたのって、なにかきっかけがあるんですか？

奥平　僕は4人兄弟で、実家にいるときは弟とずっと相部屋でした。二段ベッドを部屋の真ん中に置いて空間を仕切るなど工夫はしても、やっぱりどこか違って、自分だけの空間にすごく憧れがありまして。だから念願の一人暮らしが始まったとき、「これからはどんどんやりたいことをやろう！」って決意して、台所道具を揃えたり、友達を呼んでおもてなしをするようになったんです。

イモト　お料理はお好きでした？

奥平　本格的に始めたのは一人暮らしを始めてからです。でも、料理自体は小学生の頃から好きで。小学校2年生のとき、近所の2歳上のお兄ちゃんの家に遊びに行ったら、彼がフライパンですっごく上手に卵焼きを作ってくれたんです。くるくる綺麗に回しながら焼いている姿が、小学生心にめちゃくちゃかっこよく映って。

イモト　その感性が素敵。

奥平　卵焼きは大人じゃないと作れないと思っていたので、衝撃を受けました（笑）。僕もどうしても卵焼き用フライパンが欲しくなって、お母さんにねだって500円の、青いやつを買ってもらいました。

イモト　フライパンをねだる小学生、ただものじゃないな。

奥平　それで僕も練習して、家に来るお母さんの友達に卵焼きをふるまったりしていました。ふるまうというか、無理やり食べさせたというか（笑）。

イモト　すごいなあ。うちの子も、まだ1歳9ヶ月だけど、やらせてみようかなあ。

奥平 眞司（おくだいら・まさし）

ユーチューブチャンネル「OKUDAIRA BASE」（http://www.youtube.com/@OKUDAIRABASE）主宰。愛知県出身。福祉系大学卒業後、桑沢デザイン研究所夜間部にて空間デザインを学ぶ。料理やDIY、1人キャンプや旅行など、自分の時間をとことん楽しむ方法を配信。著書に『春夏秋冬の暮らし方』『自分を楽しむ衣食住』があるほか、「ki duki」でキッチン道具の制作も手掛ける。

奥平　さすがに、まだ早いんじゃないですか？（笑）

イモト　やっぱりそうか。ユーチューブで動画をあげたのはどうしてなんですか？

奥平　一人暮らしを始めてから、暮らしの記録をインスタグラムにアップするようになりました。友達に楽しいことを伝えるような感覚で、最初は動画もインスタグラムに投稿していたんですが、当時は1分までのものしか上げられなかった。もっと長く見てもらいたくて、自然にユーチューブに辿り着きました。最初は登録者も再生回数も多くなかったんですけど、始めて2年くらいたったときに、突然再生回数がグンと跳ね上がって。

イモト　何の動画ですか？

奥平　Vlogという、1日の暮らしを撮影した動画です。それまでは、食事だけ、キャンプだけってテーマごとに上げていたんですが、その動画では、朝起きてご飯を作って、公園に行って、という普段の暮らしを繋げてみたんです。

イモト　それ、観ました！　特別なことはないはずなのに、「いいなあ、こういう暮らし」って思わされるんですよね。簡単なのに真似したらすごく素敵そう、って。その近さがいいんです。それで奥平さんの動画にドはまりして、過去まで遡って一気見しまして。ラジオで勝手に紹介したり、奥平さんの書籍をテレビで紹介したり、ファンとして秋波を送り続けました。

奥平　昔からテレビで見ていた人だったので、最初は本当に驚きましたよ（笑）。イモトさんがコモドドラゴンと競争するところから見てましたから。

イモト　21歳の時のデビュー作ですね。

奥平　幼い頃はずっと、イモトさんは外国に住んでいるんだと思っていました。だから、日本での暮らしを通して繋がったのが奇跡みたいに感じます。

イモト　すごいスケールですよね。コモドドラゴンから日本の暮らしに。そういえば奥平さん、先日の動画で、帰省されてメロンケーキを作っていましたよね。めちゃくちゃ美味しそうだし、親子仲が良いところも見ていて癒されました。

奥平　母が料理好きで、ケーキの作り方を教えてくれるんです。たまに段ボールに野菜や食材を詰めて送ってくれるんですけど、箱の底に母の手書きのレシピが入っていたり。

イモト　ほんと、素敵な関係ですよね。うちは、母が仕事で忙しい人だったので、同居していた祖母が料理担当でした。たまに母が作ってくれるんですけど、料理下手で。いまでもよく覚えているのが、高校の時のお弁当。二段弁当の下に白ご飯が詰まってて、上を開けたら一面に卵焼きがぎっしり。真っ白と真っ黄色のコントラストが鮮やかで、なんだか目に焼き付いてます（笑）。今なら、忙しい中お弁当を作ってくれた苦労も分かるけど、当時は「だったら学食で食べるから言ってよ〜」って。

奥平　イモトさんは最近まで料理をしていなかったというのが信じられないくらい、凝りに凝っていらっしゃいますよね。今年は手作り味噌も作ったんでしょう？

イモト　そうそう。最近ちょうど出来上がりました。まさか自分で味噌を作る日が来るとはね。やっぱり自分の菌で作ったものは、市販のものとは全く違うんです。まろやかというか、とげとげしていないというか……。塩も相当入れたんですけど、食べると甘みがあるんです。

奥平　うらやましいなあ。

イモト　あれ、作ったことないんですか？

奥平　僕はまだ、味噌には手を出せてないんですよ～。時期を逃しちゃって。味噌は寒い時期に仕込んで、夏を越して発酵させるんですよね。来年に向けて、ぜひ勉強させてください。

イモト　まさか、憧れの人を超えてしまったとは（笑）。奥平さんは最近、麹にハマっているんですよね？

奥平　そうなんです。ユーチューバーの「ビートないとー」さんの家に遊びに行ったとき、いろんな料理でもてなしてくださったんですけど、ほとんどすべての料理に玉ねぎ麹を使っていて。舐めてみるとコンソメみたいに甘みとコクがあって、めちゃくちゃ美味しいんですよ！　材料を聞くと、麹と玉ねぎと塩と水だけで作り方もシンプル。早速家に帰って再現動画を出したら、反響も大きかったですね。

イモト　わたしも奥平さんの動画を見て、もう2度も作りましたよ。奥平さんは人から得たものを実践する力が強いですよね。

奥平　そうですね。暮らし好きで家好きなので、気づくとずっと家にいるんです。意識して外に出ないと、家の中だけですべてが完結して、新しいものが入ってこなくなっちゃう。飲食店に食べに出るのも勉強の1つだと思ってます。

イモト　べ、勉強ですか？

奥平　例えば、動画にも出しているダッチベイビーというフワフワのパンケーキ。存在すら知らなかったんですが、吉祥寺のパンケーキ屋さんで、隣に座った外国の方が食べているのを見て、「何コレ⁉︎」

と。あとで調べたら意外と自分でも作れるって知ったので、真似して作るようになったんです。

イモト　なるほどねえ。わたしは逆に家でじっとしているのが耐えられないタイプで、コロナ禍の外出自粛のときは辛かった。だからこそ、家の中で出来る奥平さんの暮らしの工夫に救われました。タイプは違うけど、奥平さんと気が合いそうだな、と思ったのはもう1つポイントがあって。奥平さん、物が好きですよね？

奥平　はい！

イモト　わたしもそうなんです！　新しい物を買うと、それを使うために外に出たくなっちゃう。キャンプ用品、服やバッグもそうですね。小さい頃からずっとで、何か買ってもらったらすぐ開けて使ってた。家まで待てなくて、車の中で開けたり（笑）。

奥平　僕もそうで、気になったらすぐ試したくなります。放っておくと、家の中に物が増え過ぎちゃうので、使わない物は人に譲ったり、買う前によく調べたりして、考えて買うようになりました。

イモト　わたしもです。20代の頃は物欲まみれで、本能のままに買って家の中が物で溢れまして。30代前半で、これは良くないと気づいて断捨離期に入り、今度はどんどん捨てるようになりました。でも物欲はそのままあるので、買っては捨て、買っては捨てを繰り返すうちに、「わたし、なにやってるんだろう」って。そこから、古い物に惹かれるようになったんです。古い物って、そもそも古い状態で買うし、本当にイイ物は使っていくうちに魅力が増していくんですよ。今は、長く使えば使うほど愛せるような、イイ物を買うようにしています。

奥平　へ〜！　面白い！

イモト　奥平さんにいただいた、銅製の茶筒も経年劣化を楽しめる物ですよね。

奥平　どうですか、イイ感じですか？

イモト　めっちゃいいです。触っていると手の脂もつくんだけど、それが味になるというか。でもさ、奥平さんはわたしと違って「経年劣化」の良さに20代で気づいているわけでしょう。この歳でこんなに老成して、これからどうなっちゃうんですか？

奥平　どうなんですかね……山の奥にどんどん入っていくのかも。

イモト　仙人みたいになるのかな。逆に、港区でパーティーばっかりしている50代になったりしても面白いですね。これからの目標はあるんですか？

奥平　大きな人生の目標はないです。未来はどう転んでいくか分からないので、今できることを全力で楽しみたいと思っています。でも、ちょっとだけ先の目標はあって、今デザインしている生活雑貨をもっと多くの人に使ってもらいたいですね。イモトさんは？

イモト　わたしは……手作り味噌はもうやっちゃったからなあ（笑）。次はＤＩＹとか、ちょっとした物の修理ができるようになりたいな。今は服のボタン付けがギリギリできるかできないか、というくらいなので、自分でお直しできるように。

奥平　「よかん日和」で、イモトさんのＤＩＹ動画が上がるのを楽しみにしています！

本書はイモトアヤコ編集長のウェブマガジン
「よかん日和」に加筆をしたものです。
「よかん日和」はこちらからご覧ください。

装画　ながしまひろみ
装丁　大久保明子

イモトアヤコ

１９８６年1月12日生まれ、鳥取県出身。２００７年から日本テレビ「世界の果てまでイッテＱ！」に出演。ＴＢＳラジオ「イモトアヤコのすっぴんしゃん」ではパーソナリティを務める。２０２１年、ウェブマガジン「よかん日和」を立ち上げる。ドラマ、舞台など俳優業にも活躍の場を広げる。著書に『棚からつぶ貝』（文春文庫）など。

協力　株式会社ワタナベエンターテインメント

よかん日和《びより》

二〇二三年十二月十日　第一刷発行

著　者　イモトアヤコ
発行者　花田朋子
発行所　株式会社　文藝春秋
〒一〇二-八〇〇八
東京都千代田区紀尾井町三番二十三号
電話　〇三-三二六五-一二一一

印刷所　図書印刷株式会社
製本所　図書印刷株式会社
ＤＴＰ　株式会社ディグ

ISBN978-4-16-391785-6